MULHERES
QUE SE LEEM

MULHERES QUE SE LEEM

Confissões, memórias e registros de mulheres que leem, se leem e são úteis à sociedade

---

Alyne Christina Regis Moura
Ana Carolina Maciel Jácome Vieira
Ana Cláudia Silva de
Oliveira Cavalcante
Ana Paula Pires Lázaro
Anayana de Carvalho Pinheiro
Bruna Keidna Lopes Francelino
Carla Núbia Nery Oliveira
Carmem Rita Sampaio de Sousa Neri
Cristiany Oliveira Brito
Danielle de Almeida Rocha
Débora Ayeska de Oliveira Santos
Edmara Monteiro da Silveira
Eline de Sousa Marinho
Eloá Reginese da Silva
Fonseca de Souza
Felícia Bighetti Sarrassini
Flávia Diniz Diógenes
Gabriele Braga da Rosa Moreira
Giuslaine de Sousa Feitosa

Isa Aguiar Martins Schmitt
Izabel Serejo Lima
Jalline Gea Caldas Martins
Joselany Áfio Caetano
Josemara de Maria Saraiva
Ponte de Abreu Costa
Liana Bezerra Góis
Maria Geucilene Freitas
Barros (Leninha)
Maria Rosinê Magalhães
dos Santos Castro
Nelyse Rosa Moraes Maia
Patrícia Freire de Vasconcelos
Renata Rodrigues Nascimento
Roberta Oliveira Castelo Branco
Rosângela Medeiros Áfio
Sarah Gonçalves Rodrigues
Soraya de Oliveira Guimarães Carvalho
Tatiana Martins Pereira
Thuany Karla Dantas Theotônio

ORGANIZAÇÃO
CLUBE DE LIVRO

Labrador

© Clube de Livro, 2023
Todos os direitos desta edição reservados à Editora Labrador.

Coordenação editorial Pamela Oliveira
Assistência editorial Leticia Oliveira
Projeto gráfico, diagramação e capa Amanda Chagas
Consultoria de escrita Central de Escritores: Rose Lira e Gabriella Maciel Ferreira
Preparação de texto Jaqueline Corrêa
Revisão Lívia Lisbôa

Dados Internacionais de Catalogação na Publicação (CIP)
Jéssica de Oliveira Molinari - CRB-8/9852

Mulheres que se leem : confissões, memórias e registros de mulheres que leem, se leem e são úteis à sociedade / Clube de Livro.
São Paulo : Labrador, 2023.
240 p.

Bibliografia

ISBN 978-65-5625-455-5

1. Mulheres 2. Clubes do livro 3. Superação I. Clube de Livro

23-5505   CDD 305.4

Índice para catálogo sistemático:
1. Mulheres

Labrador
Diretor geral Daniel Pinsky
Rua Dr. José Elias, 520, sala 1
Alto da Lapa | 05083-030 | São Paulo | SP
contato@editoralabrador.com.br | (11) 3641-7446
editoralabrador.com.br

A reprodução de qualquer parte desta obra é ilegal e configura uma apropriação indevida dos direitos intelectuais e patrimoniais do organizador. A editora não é responsável pelo conteúdo deste livro. O organizador conhece os fatos narrados, pelos quais é responsável, assim como se responsabiliza pelos juízos emitidos.

DEDICATÓRIA

Dedicamos este livro a todas as mulheres que não querem passar despercebidas nesta terra. A todas as mulheres que anseiam deixar a sua marca no mundo, seja por conquistas pessoais ou profissionais, seja pela educação e cuidados prestados aos filhos.

A todas as mulheres que são cuidadoras em tempo integral, sempre prontas a ajudar ao próximo, cedendo o seu ombro para acolher uma amiga ou um familiar.

A todas as mulheres que se sentem cansadas, exaustas com a rotina do dia a dia, mas que não desistem de si mesmas nem dos seus propósitos.

Finalmente, dedicamos este livro a todas as mulheres que, assim como nós, buscam ser um pouco melhores a cada dia e que encontram nos livros uma forma de fazer isso acontecer.

AGRADECIMENTOS

Agradecemos primeiramente a Deus, por permitir que este livro fosse escrito.

Aos nossos familiares e amigos, que nos dão o suporte e o apoio necessários para que possamos exercer nossa escrita.

A cada uma das mulheres que compõem a Comunidade de Mulheres Intelectualmente Ativas do Clube de Livro, por toda inspiração e incentivo, e em especial Ana Cláudia Cavalcante, embaixadora do projeto Eu Escritora.

A todos que contribuíram de alguma forma para que este livro fosse escrito e estivesse em suas mãos.

SUMÁRIO

PREFÁCIO — 13

INTRODUÇÃO | MULHERES QUE SE LEEM PRECISAM SE LER SEM SE PERDER — 15
por Alyne Christina Regis Moura

PARTE 1 | COISAS DE MULHER(ZONA) — 19

1. MULHER GOSTA DE ADULTECER CEDO — 20
   por Jalline Gea Caldas Martins

2. MULHER GOSTA DE CONQUISTAR — 26
   por Sarah Gonçalves Rodrigues

3. MULHER GOSTA DE NOVIDADES — 33
   por Renata Rodrigues Nascimento

4. MULHER GOSTA DE VENCER — 37
   por Débora Ayeska de Oliveira Santos

5. MULHER GOSTA DE APRENDER — 43
   por Rosângela Medeiros Áfio

PARTE 2 | A MULHER SARADA E O SARAR-SE — 49

6. PODEM TAPAR MINHA VOZ, MAS NÃO ME CALO — 50
   por Eline de Sousa Marinho

7. EU, ENTRE O CUIDAR E O CUIDAR-ME — 56
   por Ana Cláudia Silva de Oliveira Cavalcante

8 MINHA MENTE É MAIS FORTE QUE MINHA CABEÇA ——— 63
por Patrícia Freire de Vasconcelos

9 A (IN)FERTILIDADE É UMA QUESTÃO DE POSICIONAMENTO ——— 68
Felícia Bighetti Sarrassini

10 QUANDO A RESPONSABILIDADE PRODUZ AUTORRESPONSABILIDADE ——— 72
por Danielle de Almeida Rocha

11 QUANDO A LIMITAÇÃO LEVA À POTÊNCIA PESSOAL E PROFISSIONAL ——— 78
por Liana Bezerra Góis

PARTE 3 | A VIOLÊNCIA É VIL, AS CONFISSÕES SÃO SAGRADAS ——— 85

12 COMO CUIDO DE MIM E DO PRÓXIMO, SEM ME COLOCAR EM RISCO? ——— 86
por Carla Núbia Nery Oliveira

13 DA MINHA CRIANÇA CUIDO EU E NINGUÉM MAIS ——— 91
por Maria Rosinê Magalhães dos Santos Castro

14 A ÚLTIMA PALAVRA É MINHA... E NÃO DA VIOLÊNCIA QUE ME RODEIA ——— 96
por Edmara Monteiro da Silveira

15 TÓXICO É DIFERENTE DE ABUSIVO, MAS EU ME PACIFICO ——— 104
por Cristiany Oliveira Brito

16 A AGRESSÃO, O AGRESSOR E O SENSO COMUM, SOU MAIS EU! ——— 110
por Josemara de Maria Saraiva Ponte de Abreu Costa

17 A FILA ANDA, O CICLO SE REPETE, E CABE A MIM PARAR ——— 117
por Soraya de Oliveira Guimarães Carvalho

PARTE 4 | POSSO PERDER... MAS NÃO ME PERCO! ——— 123

18 PERDER NA LUTA CONTRA O LUTO, PARA GANHAR ESPAÇOS ETERNOS ——— 124
por Roberta Oliveira Castelo Branco

19 ENTRE SUBTRAÇÕES E CÁLCULOS... EU ——— 129
por Nelyse Rosa Moraes Maia

20 EU ME PERDI, MAS ME ACHEI QUANDO TRANSCENDI ——— 138
por Ana Paula Pires Lázaro

21 QUANDO QUEM PARTIU SE CONFUNDE COM QUEM FICOU ——— 144
por Tatiana Martins Pereira

22 ORFANDADE NA ADOLESCÊNCIA, QUANDO A SOLIDÃO SE TORNA REAL ——— 148
por Eloá Reginese da Silva Fonseca de Souza

23 CARTA A UMA IRMÃ... UM ESPELHO QUE REFLETE MESMO QUANDO QUEBRA ——— 155
por Isa Aguiar Martins Schmitt

PARTE 5 | MULHERÃO RIMA COM... SUPERAÇÃO ——— 159

24 DIFÍCIL PARA MIM? POSSO SUPERAR DO MEU JEITO ——— 160
por Anayana de Carvalho Pinheiro

25 LADO RUIM OU LADO BOM? A DECISÃO PROVÉM DO MEU OLHAR... ——— 166
por Thuany Karla Dantas Theotônio

26 FUGIR OU ENFRENTAR? O QUE IMPORTA É NÃO SE BOICOTAR ——— 172
por Ana Carolina Maciel Jácome Vieira

27 RECOMEÇOS... QUANDO VOCÊ QUISER! — **177**
por Gabriele Braga da Rosa Moreira

28 (RE)COMEÇO, MANIA DE IR EM FRENTE — **181**
por Bruna Keidna Lopes Francelino

29 EXISTE ALGO NOVO NO FRONT? SÓ A AUTOMOTIVAÇÃO — **184**
por Joselany Áfio Caetano

PARTE 6 | IDENTIDADE NÃO É RG — **191**

30 O (RE)NASCIMENTO DO EU — **192**
por Maria Geucilene Freitas Barros (Leninha)

31 SABER O QUE QUER É SABER QUEM É — **197**
por Giuslaine de Sousa Feitosa

32 HOJE, O MEU EU, FAÇO EU! — **202**
por Alyne Christina Regis Moura

33 SOU QUEM SOU E SOU O QUE HERDEI — **206**
por Carmem Rita Sampaio de Sousa Neri

34 IDENTIDADE EM MEIO À LIBERDADE — **212**
por Flávia Diniz Diógenes

35 A IDENTIDADE DO FEMININO EM UM AMBIENTE MASCULINO — **218**
por Izabel Serejo Lima

CONCLUSÃO | MULHERES QUE SE LEEM SÃO ÚTEIS À SOCIEDADE E A SI MESMAS — **225**

APRESENTAÇÃO DAS AUTORAS — **229**

RELAÇÃO DE OBRAS JÁ LIDAS PELO CLUBE DE LIVRO — **237**

PREFÁCIO

Em 2021, tive a honra de acompanhar a escrita e a publicação do livro *Mulheres que se escrevem*, uma aventura literária de Mulheres Intelectualmente Ativas. Me surpreendeu, na noite de lançamento, o valor expresso e comunicado pelo grupo, através de cada detalhe construído e composto para o nascimento do primeiro livro. E o que é a escrita que inspira, cheia de sentido e significado, senão uma escrita de olho nos detalhes que a vida escreve em cada pessoa?

Pois bem, dois anos depois, elas voltam...

E voltam em maior número, em maior intensidade, com a segurança própria de um segundo livro: "já sabemos que podemos expressar o que vivemos por meio da vida, e o que aprendemos por meio da leitura". Assim, um grupo de 35 mulheres espalhadas pelo Brasil afora, novamente se reúnem para gerar e parir *Mulheres que se leem*!

Mas espera aí! Não seria "Mulheres que leem-se?" Não! Mulher que lê e aprende a se ler, sabe que existe a licença poética que abre as portas entre as normativas teóricas; sabe que pode criar novas palavras para definir o indefinível; sabe que a vida cria todos os dias, se escreve todos os dias e, portanto, é preciso se ler todos os dias para não ficar desatualizada sobre si mesma; sabe que muitas vozes chegam aos seus ouvidos dizendo "não pode", mas também sabe que PODE.

Acompanhar a escrita de 35 mulheres é uma jornada cheia de aventura:

- de emoções regidas por hormônios em alta e baixa;
- de carências nunca expressadas que encontram na escrita uma oportunidade de dar seu grito;
- de sustos e encantamento na hora de se ler;
- de curvas que vão das divergências às convergências próprias de qualquer caminho cheio de vida;
- de ritmos diferentes que precisam ser regidos por uma batuta como a da Ana Cláudia Cavalcante;

- de um processo seletivo gentil e firme, com doses de carinho e elegância como o da organizadora e responsável pelo Clube de Livro, Alyne Christina Regis Moura;
- e da disposição, perseverança e ousadia de se expor das 35 Mulheres Intelectualmente Ativas e capazes de "se ler após se escrever".

O livro *Mulheres que se leem* nos eleva a um conteúdo proveniente de mulheres capazes no que fazem e dispostas a se apropriar do que são e se tornam a cada dia. Um conteúdo profundo de mulheres que buscam compreender e dar nomes aos seus desafios, dores, perdas, lutos, ganhos, superação, força, beleza e poder pessoal. Mulheres que desistiram há muito de serem conduzidas pela ilusão dos "contos de fadas", e optaram de forma consciente por construírem a própria realidade.

No lançamento da obra anterior, elas me perguntaram: "foi fácil?", e eu respondi diante de um auditório repleto de pessoas com olhos fixos no palco: "NÃO!".

Repito a mesma pergunta dirigida a mim naquela ocasião: "a segunda foi mais fácil?", e eu respondo um sonoro NÃO!

Por quê? Porque as histórias se tornaram mais ousadas, mais desnudas, mais despudoradas. Saíram das sombras, dobraram as esquinas correndo e, ouvir e ler cada uma, me trouxe emoções raras. Se no primeiro livro eu fui afetada, no segundo eu fui sacudida. E se distanciar de uma obra que gera um teor de muita vida envolvida, para ter um olhar analítico, nunca é fácil.

Por isso eu lhe desafio a uma reflexão final: é mais fácil ler os outros que se ler?

Até parece que estou ouvindo sua resposta agora...

Mas para nosso conforto, nem tudo que é difícil é de todo ruim, pelo contrário, reside na dificuldade de ler-se os maiores achados de tesouros raros. Então, pegue a sua bateia (peneira de garimpo) e leia-se enquanto percorre as águas deste livro com aroma de confissões, memórias e registros que fazem diferença naqueles adentram sua profundidade.

Rose Lira
Presidente da Central de Escritores e Consultora de Escrita.

INTRODUÇÃO

MULHERES QUE SE LEEM PRECISAM SE LER SEM SE PERDER

Alyne Christina Regis Moura
Presidente do Clube de Livro

Como é bom fazer parte do Clube de Livro!
Eu costumo dizer isso para todas as mulheres que me procuram interessadas em fazer parte de um clube de leitura. O nosso clube não é um simples clube de leitura: nós compomos a *Comunidade de Mulheres Intelectualmente Ativas*. Mulheres que não apenas leem. Leem, se leem, escrevem, se escrevem, e se permitem viver uma transformação a partir da leitura e da escrita.

A seguir, proporciono a você um passeio pelo universo do nosso Clube de Livro, e espero que desfrute desta viagem literária. Nosso ponto de partida será o período inicial do clube de leitura, que começou tímido, em 2019, com apenas quatro membros que discutiram o livro *Quem pensa enriquece*, do Napoleon Hill, acompanhados de um belo café, em uma cafeteria de Fortaleza, Ceará.

Foi um encontro tão inspirador, que saímos de lá com o próximo livro escolhido e com data marcada para a próxima discussão, que aconteceria na mesma cafeteria. Dali em diante, a cada encontro, tínhamos cada vez mais mulheres interessadas em participar do Clube. Falávamos com tanta paixão sobre a leitura e sobre nossos encontros, que outras mulheres se sentiam impulsionadas a experimentar a sensação prazerosa de se deleitar com a leitura.

Eu acredito que tudo que julgamos ser chato, enfadonho ou que enxergamos como obrigação acaba não sendo fácil de adotar como hábito. A partir do momento em que enxergamos a leitura como um hábito prazeroso, que pode nos proporcionar trocas de experiências com outras pessoas que leram o mesmo livro, ela se transforma em algo fantástico. E, sem perceber, o hábito da leitura é implementado na sua vida. Creio que tenha sido dessa maneira para muitas das mulheres que compõem hoje a Comunidade de Mulheres Intelectualmente Ativas.

A próxima parada da nossa viagem veio por causa da pandemia da covid-19, período em que os encontros presenciais foram suspensos, nos obrigando a realizar os encontros mensais de forma on-line. Sempre lemos um livro por mês, e o encontro para discuti-lo se dá no início do mês posterior. Sem perceber, demos um passo muito importante para o nosso clube de leitura on-line, que foi a oportunidade para mulheres de outros Estados do Brasil poderem participar dos nossos encontros. Assim, estar presente on-line foi um caminho sem volta, pois, mesmo depois do término da pandemia, com a retomada dos encontros presenciais, mantivemos os encontros virtuais para viabilizar a participação dos membros do nosso grupo que moram fora do Ceará.

Ampliamos nossa presença geográfica: Maranhão, Ceará, Rio Grande do Norte, Paraíba, São Paulo, Rio de Janeiro e Espírito Santo. O intercâmbio de conhecimentos, vivências, experiências e aprendizados se enriquece com a presença de mulheres de diferentes idades, regiões, formações e estados civis no nosso clube de leitura.

Continuamos nossa viagem entrando nos caminhos dos workshops, momentos destinados à prática dos conhecimentos adquiridos através dos livros lidos. Afinal, conhecimento adquirido que permanece guardado serve para nada; é preciso aplicá-lo. Qual o sentido de aprender se não for para aplicar e ter resultados? Seria perda de tempo. Isso traduz muito bem a nossa missão enquanto clube de leitura:

> Desejo ser útil à sociedade na qual estou inserida, procurando sempre me aperfeiçoar através da leitura intencional e da troca de conhecimentos que o Clube de Livro pode me proporcionar. Respeitarei os meus valores, os meus princípios, a minha família, meus amigos e parentes, bem como as minhas colegas da comunidade de mulheres intelectualmente ativas. Serei uma mulher cujo nome merece respeito em todos os lugares por onde passar. Evitarei a procrastinação na leitura em todas as suas formas, não deixarei para amanhã o que posso ler hoje. Eu creio em mim, nos meus valores e nos meus objetivos de vida, e estou disposta a percorrer a jornada necessária para alcançá-los. Com a ajuda de Deus farei tudo o que for possível, lícito e honesto.
>
> Eu sou intelectualmente ativa!
>
> Faço parte do Clube de Livro.

Faço questão de entregar uma cópia da missão do clube a partir do momento em que cada uma inicia a sua trajetória conosco, para que possa se identificar e se apoderar das palavras ali contidas, exercendo essas ações dentro do seu ciclo de convivência. Sempre que leio essa missão, me arrepio e me emociono, pois sei o quão bom é ter a sensação de pertencimento a um grupo unido e que tem um propósito claro e definido.

A próxima parada da nossa viagem é no advento da escrita do livro *Mulheres que se escrevem*. É uma obra composta por crônicas, ensaios e histórias escrita por dezoito mulheres intelectualmente ativas que se desafiaram a serem ativas também na escrita, e não apenas na leitura. Muita coisa mudou após a escrita desse livro. Trouxemos tanta visibilidade ao nosso clube e à nossa comunidade, que decidimos escrever uma segunda obra, agora intitulada *Mulheres que se leem*, desta vez com 35 leitoras-escritoras ou escritoras-leitoras, que nos trazem confissões, memórias e registros de mulheres que leem, se leem e são úteis à sociedade.

Indico a leitura de ambas as obras para toda mulher que não quer passar despercebida nessa vida, mas sim deixar o seu legado para a sociedade.

Agora, responderei à sua provável dúvida:

Como proceder para fazer parte do Clube de Livro?

É muito simples: em nossa página no Instagram, @clube_delivro, anunciamos qual será o livro do mês; basta lê-lo, participar de um dos encontros, virtual ou presencial, e, a partir de então, você já poderá usufruir de todos os projetos, eventos e workshops proporcionados por ele.

Então, vamos começar!

PARTE 1

Coisas de mulher(zona)

CAPÍTULO 1

MULHER GOSTA DE ADULTECER CEDO

Jalline Gea Caldas Martins

"Eu sou aquela mulher que fez a escalada da montanha da vida, removendo pedras e plantando flores."
—— Cora Coralina, poetisa e contista brasileira ——

Muito se fala sobre o amadurecimento precoce das mulheres, por se mostrarem sempre emocionalmente mais equilibradas, resilientes, ou ainda por terem uma maior capacidade reflexiva desde a infância.

Particularmente, eu precisava de toda essa maturidade aos dezesseis anos, quando engravidei, mesmo tendo conhecimento sobre métodos contraceptivos. Adolescentes têm essa mania de se colocar em risco e nunca achar que algo vai lhes acontecer. Assim, com o choque da descoberta da gravidez, precocemente, iniciou-se minha vida adulta.

Posso definir o momento que demos a notícia para a minha família com algumas palavras: drama, decepção, culpa, choro, julgamento e, depois de muitos dias, amor e acolhimento. Além da gravidez, veio também o casamento e, com ele, minha emancipação. A liberdade das saídas sem precisar dizer a hora que iria voltar. Fazer o que bem quisesse. Era dona do meu nariz! A falta de maturidade e de conhecimento sobre o que estava acontecendo fez com que eu, inicialmente, vivesse a gestação e o casamento com uma leveza que ninguém imaginava. Mal sabia das noites maldormidas e dos desafios que estavam por vir. Logo fui sentindo os desconfortos, as mudanças no meu corpo, e, ao mesmo tempo, o amor incondicional que estava ali, fazendo morada.

Romantizar a gravidez na adolescência não é o meu objetivo. Em paralelo a todo o amor que recebi, sofri olhares preconceituosos; colegas me questionavam se eu realmente seguiria com a gravidez; alguns professores e familiares diziam que, provavelmente, eu não conseguiria completar o ano letivo. Lembro bem que, no início do 3º ano, já no sétimo mês de gestação, um professor de matemática chamou minha atenção por estar conversando com uma amiga durante a aula, e me disse, com hostilidade no olhar e no tom de voz: "Já não basta você estar grávida nessa idade, ainda fica de conversinha em sala de aula? Vai amadurecer quando?". Chorei silenciosamente, me senti vulnerável, confusa em relação ao meu próprio comportamento e à fala do meu professor. Foi então que percebi que eu claramente não estava preparada para adultecer.

> *"Às vezes não existem palavras que estimulem a coragem.*
> *Às vezes, é preciso, simplesmente, mergulhar."*
> ── Clarissa Pinkola Estés ──

Fui me fortalecendo, deixando a adolescência de lado e abraçando a rotina de estudante, esposa, mãe e dona de casa, tudo em plenos dezesseis anos.

Tive uma grande rede de apoio formada por amigos e família, e isso fez toda a diferença para mim. Eu estava disposta a contrariar o senso comum de que mães adolescentes são um caso perdido, o que me exigiu a coragem de desapegar de uma adolescência que eu não viveria mais.

Escolhi ser uma mãe comprometida e construir um lar de amor e paz.

O João Pedro nasceu espalhando luz para todos os cantos. Lembro da dificuldade para amamentar e da minha preocupação a cada leve chorinho dele. Ali, também nasceu uma mãe. Eu tinha muitos medos e inseguranças, mas também tinha uma vontade enorme de honrar o meu compromisso e ser a melhor mãe que eu pudesse ser, nas condições que tinha naquele momento.

Há pouco tempo minha irmã recordou de algo que aqueceu meu coração. Que, mesmo na rotina corrida, eu não deixava de passar perfume e hidratante no meu bebê, e isso era lindo de se ver! Essa recordação me fez refletir sobre quão cuidadosa eu era, mesmo sendo uma mãe adolescente.

> A autocobrança e a cobrança das outras pessoas, muitas vezes, nos fazem duvidar se é possível ser uma boa mãe com pouca idade, nos fazem duvidar do potencial que temos em qualquer idade.

Se você passa ou já passou por isso, irá entender bem o que estou dizendo. Com um filho recém-nascido, fiquei um período sem ir ao colégio e estudava em casa o que era dado em sala de aula. Após três meses, uma vizinha maravilhosa, que me conhecia desde a infância, passou a me ajudar com o João Pedro, já que o pai trabalhava e estudava, e todos da família tinham a sua rotina. Retornei às aulas e fui conciliando com os horários das mamadas dele. Não tive facilidade com a ordenha, então, sempre voltava para casa com os seios inchados e doloridos de tanto leite acumulado, e às vezes tinha febre. Foi com muita dificuldade que consegui concluir o ensino médio.

Tentei entrar na faculdade de odontologia, não consegui. Eu e o pai do João Pedro tínhamos um combinado: se eu não conseguisse uma vaga na Universidade Federal de Goiás, nós iríamos aceitar o convite da mãe dele para morar com ela na Inglaterra. Atualmente, moro em Fortaleza, no Ceará, mas na época morávamos em Goiânia, cidade em que nasci.

Casamento precoce, pais imaturos, eu com dezessete, ele com dezenove anos, um filho de sete meses, indo morar fora do Brasil.

> *"Somente quando temos coragem suficiente para explorar a escuridão, descobrimos o poder infinito de nossa própria luz."*
> —— Brené Brown ——

Naquela época, não me percebia como uma pessoa corajosa, mas hoje, sempre que conto essa parte da minha história, vejo coragem exalando. O fato de ter a avó do meu filho nos esperando me confortava, mas, por outro lado, estaria há um oceano de distância da minha família, e isso me assustava. Ainda assim, me agarrei a essa oportunidade de explorar o novo, e fui viver um pouco mais desse meu adultecer precoce.

Morar fora do Brasil foi o período mais desafiador, e igualmente encantador, da minha vida. Apesar de me sentir muito sozinha logo que cheguei, de ter a sensação de ser um peixe fora d'água, decidi que ia fazer valer a pena. Era 2006, então não tinha os recursos tecnológicos que temos hoje, em 2023. Saía com o mapa na mão para não me perder, passei dificuldade por não falar inglês, queimei as mãos de frio por sair sem luva, achando inocentemente que o sol do inverno esquentava, morei em casas maravilhosas e outras nem tanto. Aproveitei muito o tempo com o João Pedro, passeávamos nos parques, alimentávamos os patos e os esquilos.

Quando me acostumei com a rotina ali, vivi a maternidade com muita plenitude, até precisar trabalhar. Encontramos uma pessoa confiável para ficar com o João Pedro, mas percebemos que era melhor alternar os horários de trabalho e revezar os períodos de cuidado com ele. Foi a maneira que encontramos para ele continuar no conforto de casa e ficar um pouco mais com a gente, mesmo que cada um no seu horário.

Foram vários altos e baixos vividos nos quatro anos morando por lá. Vivemos momentos maravilhosos em família, mas também tivemos os nossos desafios. Como casal, existia amor e cumplicidade entre nós, mas ainda não tínhamos maturidade para lidar com as diferenças. A saudade da minha família foi ficando cada vez mais intensa, e a ideia de ver o meu filho crescer longe deles não me agradava. A maturidade ia ganhando espaço. Eu tinha chegado na fase de analisar meus valores pessoais e começar entender o que realmente valia a pena. Depois de várias reflexões, decidimos voltar ao Brasil.

Eu e João Pedro viemos alguns meses antes do pai dele. Ali, se iniciava mais um desafio. A adaptação no Brasil, escola para o João Pedro, casa para morar, lugar para trabalhar. Coisas da vida adulta que são as mesmas em qualquer lugar do mundo, mas que, claro, na nossa idade, não estávamos preparados para viver. Diante de tantas dificuldades, o divórcio veio três anos depois, e foi uma fase extremamente dolorosa para ambos.

A parte boa de adultecer cedo foi viver experiências que talvez não vivesse de outra forma. Isso porque pessoas maduras racionalizam demais, e muitas vezes perdem oportunidades de viver o novo e o inesperado. Em contrapartida, quando há uma criança envolvida, tudo muda. Não acredito que a adolescência seja o momento para ter filhos. O João Pedro é o meu bem mais precioso, mas, de fato, toda criança merece pais mais maduros, e um ambiente com uma estrutura emocional fortalecida para que cresçam com menos traumas ou limitações.

Atualmente, tenho 35 anos e estou no meu segundo casamento já há algum tempo. Meu esposo virou um grande amigo do meu filho, uma benção! Aos treze anos, ele desejou morar com o pai, novamente na Inglaterra. Essa foi outra parte desafiadora da minha vida, que foi superada com a fé em Deus que eu sempre tive. Hoje, ele é uma lindeza de rapaz com seus dezoito anos; já fomos visitá-lo por lá, e nessa visita aproveitei para fazer alguns cursos em Londres para complementar a minha formação em consultoria de imagem, profissão que exerço desde 2016. Também conheci outros países, outras culturas, e tive diferentes experiências gastronômicas.

O que relatei até aqui foram algumas pinceladas do que vivi entre os meus 16 e 35 anos. Deixei de mencionar pessoas e acontecimentos extremamente importantes nessa jornada, mas para isso precisaria de um livro inteiro, o que jamais consideraria antes de participar do Clube de Livro e aprender tanto com as minhas colegas intelectualmente ativas. Entrei para o Clube com o objetivo de ler mais, e fui de leitora a escritora. Que salto!

> *"A humildade lhe permite crescer a partir dos próprios erros e saber que todo mundo e todas as vivências podem lhe ensinar alguma coisa."*
> — Gisele Bündchen —

A vida é uma grande escola. Aprendi muito com tudo que vivi. Todo esse aprendizado tem contribuído com a saúde do meu casamento, com o meu trabalho, com o relacionamento com a minha família e amigos, e, sem dúvidas, com a construção da mulher(zona) que venho me tornando.

CAPÍTULO 2

MULHER GOSTA DE CONQUISTAR

Sarah Gonçalves Rodrigues

"Hoje não precisamos mais ter tudo resolvido aos 22 anos, nem ter quatro filhos ao completar 30 anos. Temos mais tempo para decidir o que queremos fazer... Acho que o medo de envelhecer é uma invenção que acabamos perpetuando."
—— **Anne Hathaway** ——

Sempre fui sonhadora e tranquila. Algumas vezes, achava que poderia conquistar o mundo; outras, que alguns tipos de sonhos envelheceriam e não caberiam mais a mim…

Mesmo sendo um ser humano de fé, tanto em Deus como em mim mesma, a zona de conforto falou mais alto em vários momentos da minha vida, e, por vezes, eu deixava para lá aquilo que estava conquistando por mérito próprio e com a força proveniente dos céus.

Por qualquer coisa, ou qualquer motivo, eu perdia minhas conquistas, fosse por falta de transporte, fosse por uma paixão notória que seria efêmera, entre outros. Isto atrasou minha vida por anos… ou não. Pois hoje veio a maturidade, a disciplina, a valorização própria como ser que está a serviço do mundo, a confiança, autoestima e tudo que posso dizer que modifiquei em mim mesma nos últimos anos.

Quando criança, sempre gostei de músicas. Achava que tinha o dom para cantar e aprender o que ouvia em músicas internacionais, especificamente em inglês. Meu pai ia na banca de revista quando eu tinha cinco anos — pois nesta época eu já sabia ler e escrever tranquilamente — e comprava folhetos, que vinham em forma de revistinhas, com canções em inglês e em português.

Lá em casa tinha um dicionário de Inglês/Português de capa verde e costurado. Pegava palavra por palavra de cada folheto e traduzia todas as músicas enquanto cantava... foi assim que me tornei amante de outro idioma e de outras culturas, e fã da banda *A-ha*, que escuto até hoje. Se fizerem mais shows no Brasil, irei vê-los novamente.

O que penso é: aproveitei o dom natural que Deus me deu para aprender a ler e escrever no meu idioma materno e no inglês. Hoje, sou professora escolar e particular de inglês, por conta de todo meu estudo ao longo da vida.

O que a gente gosta de fazer se torna muito fácil de executar e se aperfeiçoar. As pessoas sempre me procuravam para tirar dúvidas, e penso que realmente fui agraciada com dons, já que nunca fiz nenhum intercâmbio (sonho em fazer), mas falo inglês fluentemente e sou professora bilíngue. Inclusive, passei uns anos sem estudar o idioma, e mesmo assim não desaprendi nada.

Hoje, além do trabalho, estudo regularmente para manter aquilo que tenho prazer em fazer. Também estudo culturas e povos diferentes, porque gosto de ter assuntos diversos em mente, vocabulário enriquecido e uma boa oratória... às vezes, me pego pensando como seria se tivesse me aprofundado ainda mais neste conhecimento, onde estaria hoje?

Mas, olhar para o passado e ficar pensando no que fizemos ou não fizemos, nos faz perder tempo e atrasa os nossos sonhos.

Atualmente está mais acessível aprender um novo idioma: a grande quantidade de recursos on-line traz uma facilidade incrível para quem quer realmente aprender algo diferente. Penso que levamos da vida o que temos de conhecimento, tanto para nós mesmos como para contribuir, de algum modo, para a sociedade. O caminho em busca do conhecimento pode ser um pouco mais desafiador no início, mas à medida que vamos construindo nosso entendimento, firmamos nosso alicerce, e é isso que nos faz sentir vivos.

Sempre achei que tinha que viver, aproveitar a vida. Conheço muitas pessoas que não vivem, só passam o tempo. Passam o tempo em um trabalho com o qual já se acostumaram, e, enquanto isso, sonham com outra vida, mas não têm coragem de mudar por medo de perder o que possuem. Esta é uma das dores que perturba a mente do ser humano: trabalhar em um local que saturou, que já deu, que já contribuiu o que tinha para contribuir. Dessa dor nasce a vontade de experimentar outra área, outra vida, onde poderemos contribuir de outra maneira para a sociedade e para nós mesmos; mas nos falta coragem, fé e força... oh, dor! Conheço essa dor porque passei por ela, passei mesmo...

Começou porque passei muitos anos empurrando a minha vida com a barriga... sempre fui uma excelente aluna durante toda a educação básica, tinha notas boas e passava de ano com pontos sobrando. Mas, uma coisa e outra me tiravam do foco da vida profissional e pessoal. Quando digo foco, envolvia muita coisa, como esporte, aula de campo, estudo para me profissionalizar e trabalho.

Não entrei na faculdade logo depois que terminei o ensino médio. Queria estudar medicina para ajudar a minha família, e fazer serviço voluntário uma vez por semana, ajudando as pessoas que não poderiam pagar por atendimento médico. Tenho muitas tias médicas, e me motivava a maneira como elas contribuíam para a sociedade com atendimentos gratuitos, palestras, estudos etc.

Mas não aconteceu para mim. Passavam-se os anos, e eu não passava no vestibular; porque não estudava o suficiente e porque vinham outras situações, como saídas, viagens e divertimentos, que me tiravam do foco... resolvi fazer outra faculdade, a de geografia.

Amei mudar minhas escolhas: pude entender, estudar e fazer muita coisa contributiva para mim e para leitores quando publicava artigos, fazia pesquisas e mestrado.

Mesmo assim, sentia que ainda faltava algo... tudo me parecia incompleto, o dia passava na base do empurrão e não conseguia me sentir realizada onde estava. Achava que faltava algo, e que mais uma vez esse algo era foco. Não sabia se queria trabalhar em empresa privada, se queria prestar um concurso ou se queria abrir um negócio próprio. Vivia na encruzilhada da decisão... Mas, como tinha o suficiente para viver, continuava empurrando a vida com a barriga. Me sentia vaga e vagando. Sabia que tinha o dom de orar, pois sempre orei a Deus, o dom de ouvir, o dom de estudar, o dom de cantar, e até de cozinhar, mas achava que nunca ia colocar meus dons e minha vida 100% em prática.

Quando veio a maternidade, comecei a amar muito mais a minha família. A família que Deus me deu: meus pais, tios, primos, minha essência; e a família à qual dei origem, que amo incondicionalmente e que me fez abrir os olhos para a quantidade de tempo que perdi. De tanto jogar fora o tempo de vida que Deus me deu, por muitas vezes, cheguei a pensar que merecia a morte. Custava seguir meu coração, e não aquilo que eu sabia que me tirava do foco? Mas a falta de maturidade, durante muito tempo, não me deixou fazer o que poderia ter feito.

Porém, como já disse, olhar para trás apenas para se lamentar nos atrasa a vida ainda mais. Mais do que se lamentar, era preciso se arrepender.

Eu sempre soube que voltaria para o meu caminho escolhido, só precisava renunciar àquilo que realmente me tirava da minha própria vida. E comecei a me arrepender, orava para que me arrependesse mais e mais... a cada dia, a cada minuto da vida.

O dicionário diz que arrependimento é a ação de trocar de pensamento, ponto de vista ou de postura em relação a algo que já passou ou já aconteceu. Alguns anos após a maternidade, comecei a desenvolver a consciência do quanto sofri e do quanto fiz meus pais sofrerem, por me iludir com uma vida que eu nunca vivi. A cada dia vinham mais e mais arrependimentos, e eu agradecia a Deus por eles, pois vinham para me conscientizar e me afastar daquilo que me tirava da minha própria vida, que saqueava meu poder de decisão.

É interessante como achamos que temos que viver certas coisas na vida porque elas nos darão um pouco de alegria naquele momento, mas não nos damos conta de que também vão tirar ou atrasar a nossa felicidade a longo prazo. Uma vida sem felicidade é uma vida vazia, é uma vida que não se vive, e como diz uma amiga minha: "a gente só leva, da vida, a vida que a gente leva".

Como queria ter amado mais, mas não tinha vivido nada, nada, nada do que realmente desejava... não tinha orado como queria ter orado, não tinha amado a minha família como queria ter amado, não tinha feito o que queria fazer para mim, no âmbito profissional ou pessoal... não tinha feito nada. Tinha, sim, vivido momentos de alegria, conquistas, amizades, mas não era o que, em meu coração, eu sabia ser verdade e escolha em mim.

Sabe o que fiz, então?

Lentamente fui atrás de fazer aquilo que realmente queria, fui fazendo e anotando para lembrar que estava viva.

Comecei a orar mais, a exercitar o arrependimento diário, no qual agradeço a Deus por tudo que tenho e que nunca valorizei como deveria. Antes, lembro das minhas amigas perguntarem como eu estava mudando a minha forma física, e falava de treino e dieta, mas não sentia vida nisso, porque não tinha consciência do que eu fazia ou de quem eu era.

A oração me trouxe a autoconsciência e o significado de cada atividade realizada. Então, fui orar e me ouvir todos os dias para escutar a voz que vinha da minha alma, implorando para buscar algo diferente na minha profissão.

> Se desafiar é algo que não vai prejudicar a sociedade, se for para o bem de si mesmo e o bem comum.

Tudo isso foi dificílimo. Já estava no trabalho que gostava e sempre gostei de fazer, que era lecionar, e sabia do meu potencial como geógrafa e professora de inglês. Mas me atormentava a busca constante de novidades em minha vida: fosse conquistar algo diferente na minha profissão; orar a todo momento; conviver mais com a minha família e amá-la mais; viajar para visitar minha irmã no exterior; ajudar meus pais e quem mais pudesse ajudar... e ainda praticar esportes e voltar a fazer aula de canto, pois já canto na comunidade católica que frequento.

Em 2016, sempre que ia na missa, me arrepiava ao ver o ministério de música cantar e sabia que ali também seria onde eu poderia estar. Fui maturando a vontade e, um ano depois, colhi os frutos da minha decisão... permaneço lá, cantando... Isto para mim é uma conquista enorme.

Comecei a estudar muito para obter êxito em uma nova conquista, um novo espaço e uma nova vivência que desejava. Meus sonhos não envelheceram, e decidi que iria viver cada um deles, pois estava viva e podia superar qualquer coisa que viesse para me tirar do foco.

No começo, era oscilante, estudava uns dias, outros não, mas fui moldando minha mente, buscando, orando, lutando contra a minha zona de conforto, evitando os caminhos que não me levavam a nada, e fui trabalhando o foco. Quanto mais conseguia focar nos estudos, mais gostava, porque via nascer a maturidade em descobrir o que eu queria para mim. Às vezes, achamos que a vida dos outros seria boa para nós, mas óbvio que não seria... Temos que saber o que queremos, onde nos encaixamos, o que nos faz feliz...

E, assim, nas descobertas, nas escolhas, nas decisões e nas conquistas, todos os anos de inquietude no meu coração foram, dia após dia, acabando, porque fui ouvindo o que era para mim, de verdade.

Uma das coisas mais importantes desse processo foi que uma conquista pessoal fez a minha família muito mais feliz e próxima de mim. E, vou dizer uma coisa... como é bom, viu?! Foi a primeira vez na minha vida em que senti uma leveza imensa. A leveza de sair de um caminho que não era meu, para estar onde eu deveria estar desde sempre. Eu só precisava abrir os olhos, a mente e a alma.

Foi tudo muito dolorido. A dor estremece a nós e às pessoas que nos amam, porque tem um momento da vida que elas não sabem mais como ajudar, elas se perdem em meio às dificuldades.

Mas o que quero dizer é que as conquistas estão vindo a cada dia, e hoje me sinto preparada para enfrentar qualquer desafio que vier.

Não vou fugir de nada, nem recuarei. Vou lutar diariamente para nunca mais sair do caminho que escolhi para minha vida.

Parabenizo e admiro quem já nasce ou aprende desde criança a ter maturidade e discernimento para realizar as escolhas da vida, mas o que posso dizer é que conseguir viver o que escolhi, mesmo não sendo tão jovem, e ter uma nova vida, apesar do tempo que passou, vale a pena.

Aquilo que me esperava e que eu expulsava, afastava de mim e que hoje está comigo... sou eu!

CAPÍTULO 3

MULHER GOSTA DE NOVIDADES

Renata Rodrigues Nascimento

*"Não faça do hábito um estilo de vida.
[...] Ame a novidade."*
— **Edson Marques** —

E, de repente, emerge a vontade de ir em busca de um desejo maior que a mera sensação da experiência vivenciada. Me causa arrepios a ideia trazida para o palpável, vai para além de toda e qualquer explicação e, então, logo encontro um sentido de vida. Para muitos, estar na zona de conforto é sinônimo de um lugar calmo, seguro. Já para mim, a consciência de estar nesse lugar me traz inquietudes seguidas por reflexões: de fato é nesse lugar em que desejo estar/ficar?

É sabido que mulher gosta de novidades, e mulheres intelectualmente ativas gostam muito mais; pensando nisso, resolvi elaborar estratégias para alcançar o estado desejado.

Ainda criança, costumava questionar e pedir explicações para fazer aquilo que mandavam, e perguntava o porquê das coisas; era já uma fala automatizada para mim. Obedecer nunca foi uma tarefa fácil, sempre gostei de questionar, argumentar e até mesmo barganhar para que as coisas ou situações fizessem sentido para mim. Houve uma época em que fui taxada, inclusive, como uma criança mimada e rebelde. Suponho que, com a morte prematura do meu pai, minha família tenha sido condicionada a me proporcionar o mimo como forma de compensação, para que eu não sofresse tanto, ou sentisse tanta falta do meu pai. Meu irmão mais velho assumiu o papel da figura paterna na minha vida. Em razão dessa perda, minha família passou a me dar carinho e atenção de modo exagerado; fazer todos os meus gostos e caprichos sempre foi uma meta prazerosa para eles.

Na adolescência, não só mantiveram esse cuidado, como também houve uma intensificação nessa doação de afeto, pois a mudança em meu comportamento e o fato de me manter isolada trouxeram preocupações para a minha família. Eu estava apenas vivendo a fase da adolescência, sendo um ser humano com personalidade mais introspectiva. Ficar trancada no meu quarto na companhia dos livros era o que mais gostava de fazer. Minha melhor amiga era minha avó, pois era uma mulher sábia, eu a admirava bastante e adorava ouvir suas histórias, pois ela falava com alegria e entusiasmo, de modo que me prendia em suas narrativas.

Era nítido o amor da minha vó pela vida. Para ela, viver era uma coisa exuberante. A maneira como minha matriarca se expressava e vivia me deixava curiosa e me desafiava a fazer minhas próprias escolhas.

Era domingo à tarde; depois de um almoço em família, todos foram descansar, e fui para o quarto da minha avó. Depois de muitas conversas paralelas, minha avó dormiu, e fiquei imaginando como seria morar em cidade urbana, pois tinha nascido e sido criada em área rural. Quando ela acordou, eu lhe disse: "tenho uma grande novidade: quero terminar o ensino médio em Fortaleza". E minha avó não só compreendeu como me acompanhou quando falei da minha vontade para minha mãe. Ela praticamente convenceu minha mãe a me deixar ir, e fizemos o acordo que, ao terminar o ensino médio, eu voltaria.

Mas nunca cumpri. Acordei comigo mesma que a novidade do momento seria o que me guiaria, ao sabor do saber em andamento. Pelas andanças do novo mundo, fui mergulhando em afazeres que me conduziam a conexões com o presente e a desconexões com o passado.

De repente, acordei em um novo lugar, que era inicialmente um entrelugar, e que felizmente jamais se tornou um não lugar, pois fui (co)produzindo um sentimento de pertencimento no tratado que inventei para mim mesma.

Me encantei com a cidade grande, que traz consigo a ideia de múltiplas possibilidades de crescimento e amadurecimento. Cresci intelectualmente, e minha visão de mundo já era bem maior do que aquela que eu tinha no interior, onde nasci. Eu não cabia mais ali, não era mais compreendida por aquelas pessoas. Ou talvez não quisesse uma compreensão aprisionadora, que me impedisse de adentrar no universo das possibilidades outras de ser mulher: mulher-estudante, mulher-trabalhadora, mas, acima de tudo, mulher-sonhadora. A utopia da cidade se fez presente, me desacordando da distopia passada e me reacendendo em boas expectativas futuras.

"Suponho que me compreender não é questão de inteligência, e sim de sentir, de entrar em contato, ou toca ou não toca."
—— Clarice Lispector ——

No início, foi bem desafiador sair do conforto e da dependência familiar para tentar a vida sozinha, longe de tudo e de todos. Quem sabe longe, na verdade, de um eu anterior, que já não correspondia à projeção que se formava nesse novo momento de vida. Hoje, sei que foi a melhor decisão que podia tomar, pois cresci, amadureci, houve uma transmutação na minha vida profissional e pessoal.

Não posso negar que a impessoalidade se faz mais presente na cidade, mas a possibilidade de distanciamento, advindo desse estado impessoal, também permite transpirar e expirar margens de liberdade para a constituição de si junto ao mundo. Mundo este destituído frequentemente da tradição do interior, cujas amarras podem significar carinho, para muitos, mas, para mim, a liberdade da cidade era o sabor-saber, cuja degustação era um aperitivo rumo à produção de novas e inventivas novidades.

Hoje sou escritora, psicopedagoga e estudante de psicologia, e me reconheço na profissão: foi exatamente isso que sonhei para mim.

Sou membro do Clube de Livro Mulheres Intelectualmente Ativas, amo ler e jogar beach tennis. Dizer o que ou quem sou pode parecer muito imperativo, pois pode significar um estado fixo, permanente, mas trata-se de um território que, neste momento, em movimento, me permite sonhar e continuar vislumbrando as possibilidades de ser a mulher que hoje aceito ser e reconheço que sou: firme, engajada, atuante social e profissionalmente, e sempre atenta ao cuidado de si para viabilizar o cuidado junto ao outro.

CAPÍTULO 4

MULHER GOSTA DE VENCER

Débora Ayeska de Oliveira Santos

> "Eu queria ser o Mar de altivo porte
> Que ri e canta, a vastidão imensa!
> Eu queria ser a pedra que não pensa,
> A pedra do caminho, rude e forte!"
>
> —— **Florbela Espanca** ——

Aaah! Como é bom ser e aceitar quem sou: uma mulher de 26 anos que aparenta ser mais velha, pelo profissionalismo e pelas ações diárias. Sou uma mulher cheia de fé, princípios, amor e muito sorriso. Sou esposa, filha, neta, irmã, amiga e nutricionista, que vive para cultivar a vida e preservá-la. Acredito fielmente que a nutrição é a base da vida. A alimentação é o combustível para vencer.

Hoje, faço parte do Clube de Livro que me tornou uma Mulher Intelectualmente Ativa e me fez ver que somos mulheres totalmente diferentes do senso comum, que podem vivenciar a união de ajudar e impulsionar umas às outras, rumo ao sucesso e à felicidade.

Moro no interior do estado do Ceará, onde trabalho para uma empresa multinacional que fica na capital Fortaleza, meu ofício me desafia e mostra que posso realizar meu papel de nutricionista independentemente do local onde esteja. Sou responsável pela consultoria de um portfólio de dietas especializadas nas cidades do Cariri[1].

---

1   O Cariri se constituiu como região metropolitana, em virtude de ser a segunda região urbana mais expressiva do Ceará, pela conurbação formada pelos municípios de Crato, Juazeiro do Norte e Barbalha.

Certo dia, ouvi uma frase de uma mulher: mulher gosta de vencer! Frase esta pronunciada uma única vez, mas que soou profundamente no meu interior, como um encontro entre céu e mar, o horizonte, com afinidade e efeito de infinito, que desperta inúmeros sentimentos em quem aprecia de longe esta obra da natureza que lhe faz refletir por inúmeros minutos...

Assim foi minha reação de contemplação ao ouvir a frase que parecia ser dita por mim. Eu sou mulher e gosto de VENCER. É como uma força que vem do meu interior, algo natural que cresce a cada dia, alimentado a cada conquista pessoal e profissional.

A minha criança interior me trouxe a memória dos relatos de celebração do dia em que apreendi a caminhar, que me proporcionou correr e sentir os cabelos ao vento, a sensação de vitória, vitórias... Eu era tão pequena, porém agia como mágica, cada passada dada era armazenada; mais um nível de energia em bateria íntima, que servia de base para mais um aprendizado a seguir. Logo veio a leitura, ou antes dela a falsa leitura, pois decorei cada página de um livro que minha mãe sempre lia para mim, e assim recitava para todos como se soubesse ler cada página do texto com coerência, o que resultava em inúmeros elogios de toda a família; mais uma vez essa bateria foi ganhando energia.

Os anos se passaram e vieram também as vitórias na fase na adolescência, passar de ano, tirar notas boas, aprender a fazer as atividades domésticas de gerenciar um lar na zona rural, deixando tudo em ordem, indo às compras de transporte público, seguir a divisão do dinheiro como orientado. Para alguns jovens, isso seria trabalho chato, se negaria a fazer e geraria revolta, porém, para mim, foi energia de querer conquistar o mundo, de aprender a dirigir, de ter um carro, uma casa, ou dinheiro para comprar itens fora da lista. Para tudo isso eu precisaria de uma fonte de renda, então começaram os pequenos passos para me tornar uma mulher com uma profissão e pela qual fosse retribuída financeiramente, sem que nessa trajetória perdesse a essência e o coração com aroma de mato verde, criado no interior, cheio de princípios religiosos, caridade e compaixão pelo próximo. É muito bom ver como uma vitória puxa a outra, e como um olhar grato reconhece as vitórias conquistadas.

Com a bateria cheia de energia, veio a força para planejar e prestar vestibulares à procura de uma formação, de entrar em uma graduação. Foi aí que ouvi a minha voz interior sussurrando "você pode mais", mesmo enquanto estudava. Entrei nas seleções de bolsista de projeto de extensão e de estágios extras no hospital que era referência na cidade. Lá alguns olhares julgavam "ela não vai conseguir, se passar, não vai vir todos os dias pois mora longe…". Nossa! Como foi difícil ver e "escutar" os olhares baixos da sociedade sobre quem vem da zona rural. Mas não eram esses os olhares que eu almejava e "escutava".

> Não almejo ser vista pelas dificuldades ao longo da caminhada, mas sim ser vista como uma mulher que LUTA e VENCE!

Uma mulher que, por meio das suas conquistas, salva vidas ao seu redor, na família, na comunidade, e as pessoas lhe pedem ajuda. Afinal, o que temos de mais valioso é a vida. Como não servi-la, preservá-la e ser atraída por mais contemplações de triunfo na vida pessoal?

A vida seguiu, os anos passaram, porém, o raciocínio da sociedade continuou falho, esperando que todas as mulheres do interior de um Estado do Nordeste do Brasil estejam fadadas à pobreza, à fome e presas em um casamento forçado; uma região onde apenas algumas mulheres teriam prosperidade, caso a buscassem na capital, ou viessem de famílias com boas condições.

Essa negatividade ou fatalidade podem até ter rebatido em mim, mas eu estava regada de amor e vinha de uma família que acreditava que podemos alcançar tudo que almejamos sem perder nossos princípios e nosso propósito. Não nego que, por alguns momentos, me deixei abater e entristecer, gastando a energia preciosa da minha bateria interior com pensamentos do tipo "a situação é muito difícil", "havia vencido antes, mas agora não vou conseguir", "chegou a hora da derrota". Situações do nosso cotidiano podem causar essa perda de energia, pois vivemos momentos de felicidade e celebração intensa e posteriormente vem uma tempestade de desastres, de provas, de reprovações, e toda energia conquistada pela vitória tende a se perder.

Tenho como exemplo a sensação única de vitória da minha colação de grau em nutrição, área que tanto amo e que acredito ser a base da VIDA, vida pela qual zelo tanto, e quero preservar para contribuir com a humanidade.

Concluir a graduação foi um momento muito esperado, pois cessavam as inúmeras lutas diárias para assistir às aulas, estudar e ter boas notas e, em paralelo, os estágios e trabalhos remunerados para auxílio financeiro. Isso tudo já consumia muito da minha energia, mas o mundo não para: as doenças continuam, as situações de turbulência continuam, a rotatividades no mercado de trabalho e de funcionários continuam, os cargos cada dia mais disputados e com exigências maiores e salários menores também continuam.

No meio desse cenário de insegurança e negatividade, chegou a minha colação de grau, eu seria finalmente uma nutricionista. O grande dia chegou, cheio de luz, como o sol que nasce no amanhecer, selando a escuridão da noite e trazendo a esperança de um novo dia... Como é lindo apreciar o nascer do sol! Mesmo sendo sempre o mesmo, ele nasce a cada dia com um brilho e jeito diferentes, assim, devemos ser como o SOL, brilhar a cada dia que temos, independente do lugar onde estivermos, afinal o que brilha é o nosso interior.

> A LUZ é a nossa AÇÃO, não adianta termos inúmeras qualidades e simplesmente não as acordar, deixando-as presas na caixa que é nosso corpo físico.

Meu sol brilhou por alguns dias com a chegada do diploma, mas depois vieram as nuvens para bloquear cada raio de luz que irradiava, me impedindo de realizar meu propósito de ajudar vidas por meio da nutrição, ciência em que tanto acredito. As nuvens podem ser vistas como a sociedade, transmitindo, meio por osmose, que apenas a medicina salva vidas e dá retorno financeiro. Outras situações difíceis foram as inúmeras seleções das quais participei e nas quais não fui aprovada; até que chegou a minha vez e entrei em uma empresa privada.

Nossa! Momento de celebração de mais um raio de luz sendo emanado.

Mas, ao longo do caminho, quando olhei para a vida das pessoas ao meu redor, vieram os questionamentos, "só daria certo se passasse em um concurso", ou "só teria alguma coisa se abrisse uma empresa própria", entre outros comentários fatalistas.

As nuvens passaram, olhei para o sol e a minha consciência despertou para inúmeras situações do dia a dia: conversas, vida espiritual, valorização do que havia conquistado e percepção de que estava impactando vidas.

A velha Débora renasceu, viu que quebrou barreiras; que se tornou uma mulher forte; que pegou um pouco da essência de cada mulher da sua família e da sociedade com quem teve a oportunidade que conviver; realizou aquele sonho de dirigir, de ter um carro, de comprar coisas aleatórias, de ajudar ao próximo em suas necessidades; cresceu profissional e espiritualmente; aprendeu que o lugar da melhor vitória não é o espaço e nem o caminho de outra pessoa, mas sim o das nossas próprias conquistas ao longo da nossa jornada.

A maturidade é cultivada pela consciência que nos mostra que não vivemos só de felicidade, mas também de desafios, e é isso que torna a vida indescritível e única em cada ser.

> Você não é vencedor pela régua do outro, mas pela sua própria régua!

Cada pessoa tem um ponto de partida diferente, cada pessoa tem obstáculos a serem vencidos diferentes dos demais; é isso o que faz da sua jornada única e incomparável.

E se você, dona da vitória, deixar escorrer pelas suas mãos esse momento de triunfo, se sentirá eternamente perdedora, pois não olhou para sua vitória, virou o rosto e olhou para a do outro, que teve uma trajetória totalmente diferente, que é uma pessoa diferente e está em uma fase diferente da vida.

Ninguém está na mesma fase de vida, podemos estar na mesma série escolar, na mesma idade, talvez até ter nascido no mesmo dia e horário, filhos dos mesmos pais, porém seu gene, seu caráter, sua educação, seus princípios e propósitos escolhidos tornaram suas vivências únicas, seus sentimentos são únicos, o nível de energia de sua bateria é único.

Afinal, você pode ter sido alimentada a cada vitória, ou pode apenas ter gastado as energias no plantio dos sonhos, mas na hora da colheita estava fora do seu interior, vendo a vida do outro ou simplesmente adormecida nos pensamentos excessivos sobre o futuro ou passado.

Mulher, carregue-se de coisas boas, basta olhar seu jeito e a forma como você é; sem comparações ao eu alheio ou medições em réguas que não são suas.

MULHER, VOCÊ FOI FEITA PARA VENCER!

CAPÍTULO 5

MULHER GOSTA DE APRENDER

Rosângela Medeiros Áfio

"Feliz aquele que transfere o que sabe e aprende o que ensina. [...] Recria tua vida sempre, sempre. Remove pedras e planta roseiras e faz doces. Recomeça."
—— Cora Coralina ——

Quinze anos casada. Eu poderia escrever uma história bonita, mas não, na verdade, vou compartilhar com vocês a mulher que sou hoje e o crescimento que tive após uma decepção amorosa. Atualmente faço graduação em ciências contábeis, atuo na área administrativa. Fui convidada para ir ao encontro do Clube de Livro pela Joselany, minha prima. Nenhuma das mulheres do Clube sabiam o motivo da minha ida. Fui muito bem recebida, e claro, fiquei encantada, desde então já me apaixonei pela leitura. Me tornei integrante do Clube de Livro em setembro de 2021.

Não é fácil manter o equilíbrio emocional diante de uma decepção, mas precisei fazê-lo. Como eu consegui? Vou contar...

Aprendi que, para superar a decepção que estava atravessando, teria que ser sincera comigo mesma. Dessa maneira, economizaria meu tempo, que eu passei a valorizar muito. Mas o que significava exatamente ser sincera comigo mesma? Eu tinha que entender e compreender a situação como ela era de fato. No mesmo dia do ocorrido (contado pelo meu próprio esposo), ele disse que não queria sair de casa, e por um momento eu também não queria que ele fosse, mas achamos que seria viável, sim… E então, ele se foi.

Eu fiquei sem chão, não conseguia pensar em mais nada. No meio da noite, meu filho, já adolescente, foi até meu quarto e me disse: "mãe, agora somos só nós dois", eu completei, "e Deus". Ouvir isso me deu um alívio, mas no mesmo instante fiquei preocupada com meu filho. Imediatamente pensei que não podia deixá-lo passar por isso.

Meu filho é fruto de outro relacionamento, mas convivia com meu esposo desde os dois anos e meio, então já o considerava um pai. Agora, ele já atingiu a maioridade.

No dia seguinte, fui trabalhar, achei que não me ajudaria ficar em casa. Passei o dia pensando no que fazer para me aproximar do meu filho de forma que o assunto não fosse essa situação delicada, para desligá-lo um pouco do ocorrido. Então, resolvi voltar a fazer faculdade, assim teria um assunto para trocarmos ideias, já que nesse período ele estudava para fazer o Enem.

Cogitei ir morar em São Paulo, mas não podia fugir da minha realidade. Já comecei a pensar no que podia fazer por mim, para não parar no tempo. Não poderia deixar essa situação definir completamente a minha vida. Então, criei dois potinhos com 31 atividades, que eu teria que fazer nos próximos dias: em um potinho escrevi atividades para fazer de segunda a sexta; e, no outro, atividades para os finais de semana.

Tinha andar de bicicleta, ir à praia, caminhar, dançar, ler um livro, viajar, ficar com meu filho… Tinha também o dia para não fazer nada, assim como tinha períodos em que eu teria que estudar de segunda a sexta. Em um dos papéis escrevi: "hoje você escolhe o que fazer", e foi aí que resolvi ir para a academia.

Depois, veio a pergunta, "como vou conseguir fazer essas atividades, se eu trabalho o dia todo?". Nesse período eu estava lendo o livro *A Coragem de não agradar,* dos autores Ichiro Kishimi e Fumitake Koga. Foi aí que me veio uma coragem inusitada: pedir demissão do meu emprego.

Rapidinho eu já estava trabalhando em outra empresa, meio período, porque assim teria mais tempo para minhas atividades diárias. Teria espaço para mim!

No decorrer do tempo, selecionei as atividades que me faziam bem, e passei a fazer algumas delas até duas vezes por semana. Nesse período, também fiz muitos cursos on-line. Comecei a trabalhar meu amor-próprio, o autoconhecimento e frequentei aulas de dança, mas confesso que não sabia bem o motivo da minha ida para o estúdio. A professora me deu aula com tanto carinho, tanta dedicação, que percebi a ação de Deus colocando pessoas maravilhosas em meu caminho.

> A mulher se cobra bastante, até mesmo por situações que nem são de sua responsabilidade, quando percebe, já está sobrecarregada.

Busquei mudar meu estilo de vida, saindo um pouco da minha zona de conforto, mas tendo o cuidado de não perder minha essência. Nesse momento, teria que cuidar de mim mesma, não fiquei procurando um porquê de toda essa situação, eu não podia deixar meu tempo parar. Foi aí que tive a ideia do potinho de atividades.

Decidi que não substituiria meus sonhos por lamentações. Cada um faz o que quer, e eu quis seguir minha vida. Para seguir em frente, tive que tomar decisões, algumas bem difíceis, mas que, para o momento, eram viáveis. Pessoas com quem eu não tinha muita proximidade, de repente, se tornaram as mais próximas. Aprendi que nunca sabemos realmente em que posição estamos na vida das pessoas. Sempre soube lidar com situações desagradáveis no geral, mas quando essa situação específica aconteceu comigo, achei que não saberia enfrentar.

> **O aprendizado traz resultados positivos e negativos, cabe a você saber de onde retirar mais experiência e crescimento.**

O Clube de Livro foi fundamental no meu processo de evolução.

Foi no Clube que aprendi a ter disciplina, por exemplo. Foi onde pude ser 100% eu mesma. Nos encontramos sempre uma vez por mês, e é muito proveitoso. No Clube, não é só a leitura que faz bem, é o todo. Em umas das reuniões, o assunto era tão direcionado para mim, que pensava: "Deus está enviando as mensagens para mim por essas mulheres".

Tive que me afastar de algumas pessoas de convívio, porque eram muitas as opiniões. Decidi que ninguém tinha o direito de bagunçar minha vida. Algumas pessoas que diziam: "você vai sair dessa", "você vai se curar"; ao que eu respondia: "gente, não estou doente, e esse problema não é meu, eu vou é seguir minha vida". Não podia fazer de conta que nada tinha acontecido, mas também não podia ficar nas lamentações.

> **A situação estava fora do meu controle, mas eu controlava os meus pensamentos, controlava minhas reações. Não deixei de sonhar, apenas mudei os caminhos.**

Ainda ouvi de algumas pessoas que a culpa era minha, pois trabalhava muito fora e dentro de casa. Mesmo assim, em nenhum momento me senti culpada. Afastei rapidinho essas pessoas focadas em acusações. Passaram alguns dias e meu esposo me mandou várias mensagens. Eu lia, mas não respondia. Quase dois meses depois, resolvi responder. Nos encontramos para conversar. Ainda não tínhamos conversado sobre o ocorrido. Passamos a nos falar todos os dias e até a nos encontrarmos, algumas vezes. Sempre nos encontrávamos nos lugares que íamos juntos no passado. Ficávamos conversando por horas. Às vezes, ficávamos sem falar nada, só pertinho um do outro. Dava para sentir o amor que ainda tínhamos em comum.

Um dia, nossa despedida foi tão intensa, nos abraçamos tão forte, que ele disse: "até daqui a pouco" e eu sorri como resposta. Ele me pediu perdão, e eu disse: "você não fez nada de errado comigo para ter que me pedir perdão. Você fez errado com você mesmo, então se perdoe".

Ao todo, passamos quatro meses separados.

Após esse período, resolvi me reconciliar, e nada de começarmos do zero, íamos continuar de onde paramos. Assim como não pensei no porquê de ele ter feito isso comigo, também não pensei no porquê voltaria para ele, decidi apenas ser feliz. Deixei o orgulho e o ego bem distante e disse um SIM para mim. Eu estava dando uma chance para mim mesma! Sabia que não seria como antes, mas sabia também que poderíamos fazer melhor.

Voltamos e até fizemos algumas atividades juntos. Ele me apoia em todo projeto que participo. Hoje, me apresento como dançarina e ele está sempre lá, me aplaudindo, me encorajando.

Caso estejam se perguntando sobre meu filho, ele conseguiu a nota que precisava do ENEM!

Hoje, sou dançarina, leitora, amo a natureza, me graduei em ciências contábeis, trabalho na área administrativa, continuo andando de bicicleta, agora sou escritora, ainda faço academia. Meu marido e eu abrimos uma empresa juntos, então agora também sou empresária.

Não estou dizendo aqui que devemos aceitar situações, e nem que eu tenha aceitado essa decepção, mas compreendi, e o melhor, **aprendi**. Nós, mulheres, sabemos o que nos faz bem ou mal, sabemos de nossas tarefas para o dia a dia, estamos sempre sobrecarregadas, mas, ainda assim, insistimos em trabalhar muito e cuidar da família. Até sentirmos aquela sensação de estar caindo no abismo.

Nós, mulheres, já colocamos em prática o que a natureza nos dá (ao sermos esposas, mães, donas de casa, profissionais, empresárias; somos, sim, multitarefas). A mulher gosta de aprender e ensinar. Além do dom que já vem de natureza, ela tem a capacidade de melhorar, de acrescentar, de criar o que ela quiser, do jeito que quiser. Eu aprendi a gostar de aprender, mesmo que tenha sido através de uma decepção.

> Cada evolução tem um processo diferente, mas eu estou disposta a aprender e a me desenvolver.

Quando falei que queria escrever sobre a decepção que me alcançou, algumas pessoas me perguntaram se eu não ficaria desconfortável de falar sobre o assunto, e eu disse: "Não. Com isso quero que as mulheres vejam que, em qualquer situação, seja ruim ou boa, tudo é aprendizado."

Aprender a melhorar com situações ruins e boas é aprender a evoluir. O melhor aprendizado que tive foi que tudo, absolutamente tudo, é no tempo de Deus. Hoje, sei por que Deus colocou algumas pessoas em meus caminhos.

Em 2023, completamos dezessete anos casados. Você já pensou se eu tivesse deixado essa situação e os sentimentos ruins tomarem conta da minha vida?

Aproveite este espaço para refletir sobre o que você faria nessa situação! Apenas o que acha hoje, claro. Não sabemos de fato qual será nossa reação até o momento em que passamos por algo. E, caso já tenha vivido alguma coisa parecida, qual foi sua atitude e como agiria com sua cabeça de hoje? Por último, que tal compor os potinhos das atividades diárias e ocasionais para a sua vida de aprendizado?

PARTE 2

A mulher sarada e o sarar-se

CAPÍTULO 6

PODEM TAPAR MINHA VOZ, MAS NÃO ME CALO

Eline de Sousa Marinho

"A vida é feita de desafios, e só aqueles que enfrentam esses desafios de cabeça erguida conseguem superá-los e alcançar a vitória."
— **Conceição Evaristo** —

A citação que abre este capítulo, dita por Conceição Evaristo, em seu livro *Becos da Memória* é, para mim, uma verdade universal. Desafios podem ser vencidos, basta enfrentá-los de cabeça erguida.

Deixe-me apresentar-me para você. Meu nome é Eline; enquanto escrevo estas linhas, estou com 33 anos, sou graduada em direito, esposa do John, mãe da Sophia, apaixonada por ler, escrever e cozinhar. Desde criança, tenho apreço por ler e escrever, e isso me levou a descobrir os mais diversos sabores literários. Já na fase adulta, tive a oportunidade de fazer parte um clube de leitura e não pensei duas vezes, já aceitei. Hoje, o Clube de Livro faz parte da minha história!

A literatura e a escrita me proporcionaram formas de me expressar, de encontrar palavras que não saíam pela minha boca, de desabafar, de sonhar, de viver no secreto. Mesmo quando, literalmente sem voz, eu encontrei uma voz na escrita. E isso foi fundamental para que pudesse continuar seguindo em frente, apesar de todas as adversidades.

Os livros têm o poder de transportar os leitores para outras realidades, de nos apresentar novas ideias e perspectivas, e de dar voz a diferentes narrativas e histórias. Foi então que, por meio dos livros, encontrei inspiração para seguir em frente e nunca deixar que minha voz fosse silenciada. E por que estou falando sobre isso?

Bem, ao longo da vida, nós somos constantemente desafiados a superar obstáculos que surgem no nosso caminho. Alguns deles podem ser pequenos, enquanto outros podem ser verdadeiros testes de força e resiliência. Para algumas pessoas, esses desafios podem se manifestar de maneiras muito específicas e inesperadas. Foi assim para mim.

Deixa-me te contar uma história.

O ano era 2007, eu estava com dezessete anos e passei por uma das noites mais difíceis da minha vida, e da qual, com toda certeza, me lembrarei para sempre. Não com pesar, mas sim com leveza. Durante a noite do ocorrido, todos já dormiam na minha casa, mas eu não conseguia fechar os olhos... achei estranho, mas pensei que poderia ser efeito da ansiedade em começar um novo ano letivo no dia seguinte.

De repente, comecei a sentir um cansaço que foi aumentado, e um desconforto cada vez maior ao respirar. Fui pedir ajuda. Cheguei no quarto dos meus pais, pedi socorro à minha mãe, que acordou assustada e logo gritou pelo meu pai. Os dois me levaram às pressas para a emergência de um hospital, foi uma correria, eu apaguei na escada de casa, e minha última lembrança foi cair dela com a minha mãe.

Quando acordei, estava na UTI e me vi obrigada a passar por uma cirurgia de traqueostomia[2], em decorrência de uma estenose traqueal[3]. Não tinha o que fazer, ou passava pela cirurgia ou morreria com falta de ar, pois estava com obstrução nas vias respiratórias.

---

2 A traqueostomia é um procedimento cirúrgico que consiste em criar uma comunicação da traqueia com o meio externo.

3 A estenose de traqueia é um estreitamento da luz deste órgão, o que pode causar problemas respiratórios graves.

O médico que nos atendeu fez todos os testes para não precisar fazer a operação, mas não foi possível evitá-la. Depois da cirurgia feita, fiquei sem voz por um tempo, como consequência da intervenção. Ficar sem voz por um período era esperado, fazia parte do processo de recuperação.

Mas, o que era para ser temporário, foi se expandido por meses. E, acredite, nem isso foi capaz calar a minha voz interior, aquela que me impulsionava a seguir em frente, a querer melhorar logo, a querer estudar e buscar por meus sonhos. Não digo para você que foi fácil, eu chorei e chorei muito.

> Demorei para aceitar, mas foi libertador quando acolhi a realidade. Criei uma força e uma vontade de viver absurdas!

Mesmo diante de toda dificuldade, entendi que a minha voz não poderia ser calada. Como disse a escritora brasileira Clarice Lispector, "eu sou antes, eu sou quase, eu sou nunca". E isso é real, é a minha vida! Por isso quero compartilhar a minha experiência de superação ao viver esse desafio, e como ele me fez crescer e amadurecer como pessoa, pois podem até tapar minha voz, mas me calar, jamais!

Para muitos, a ausência de voz significaria o fim dos sonhos e dos projetos, talvez até o fim da vida. E, olha só, eu, que falava pelos cotovelos, como dizia minha saudosa avozinha Anália, tinha todos os motivos para desistir e não lutar por mim. Poderia, sim, ter sido o fim, mas não foi. Foi o começo de uma nova fase, cheia de desafios. Mas cheia de vida também.

Na época, eu ia começar o último ano do ensino médio, e na condição em que me encontrava, meus pais não queriam que eu fosse para a escola até melhorar. Até porque já havia perdido quase dois meses de aula. Porém, lutei com as armas que tinha para ter o direito de finalizar meu ano letivo e assim poder prestar o vestibular, o ENEM.

Mesmo sem voz, queria dar continuidade aos meus sonhos. Foi uma enorme luta com argumentos escritos — já que não tinha como falar — para que meus pais me deixassem voltar a frequentar a escola e finalizar o tão sonhado ano letivo. A minha vida deu uma emborcada, eu não imaginava que iria passar por esses dias difíceis e dolorosos, mas também de muitos aprendizados e lições para a vida.

Depois de muitas conversas e idas ao médico, ganhei a disputa com meus pais e obtive o direito de voltar à escola. Finalmente me permitiram a voltar a estudar. Fomos atrás de várias estratégias para que isso fosse possível, e os desafios só se transformavam e cresciam. As recomendações foram tantas, as adaptações, as incertezas, a insegurança... Mas a vontade de vencer era maior do que tudo. Foi o momento que mais aprendi a valorizar minha voz e a importância de usá-la para expressar minhas ideias e opiniões, defender aquilo em que acredito e lutar pelos meus direitos. Ter, de fato, minha voz ativa.

Acredito que assim surgiu a vontade de cursar direito. E, olha só, eu consegui! E se eu consegui realizar meu sonho, você também pode conquistar os seus!

Claro que minha história não se resume apenas à essa experiência. Sempre fui uma pessoa inclinada para os sabores, e foi na cozinha que encontrei um refúgio para meus pensamentos e minhas emoções. Cozinhar se tornou uma terapia, e com certeza foi uma atividade fundamental para a minha cura, pois me ajudou a encontrar forças para continuar enfrentando os desafios que a vida me trazia.

Era um momento em que podia me expressar de outras formas, agora por meio de sabores e aromas que me metia a criar. Me sentia em paz e esquecia por um momento dos problemas. Foi através dessas experiências culinárias que aprendi a importância de nunca desistir dos meus sonhos, mesmo quando o caminho parecer difícil ou por muitas vezes até quase impossível. Aprendi que a força interior pode superar qualquer dificuldade, e que a determinação e a coragem são fundamentais para superar os obstáculos que surgem em meio ao nosso caminho.

Voltando à minha experiência com a estenose traqueal, posso dizer que, apesar de ter sido um momento difícil, foi também um momento de superação e longos aprendizados.

> Aprendi que a voz vai muito além das palavras que saem da nossa boca, ela está presente em nossas ações, pensamentos e escolhas.

Mesmo sem conseguir falar, continuei estudando e buscando conhecimento, pois sabia que essa era a melhor forma de me expressar e de me desenvolver. Não importa o que a vida nos reserve, podemos sempre encontrar formas de nos comunicarmos, de seguir adiante, de nos reinventarmos.

Com o passar dos meses, aconteceram evoluções e eu consegui sarar da estenose traqueal. É, eu sarei!

Fomos eu e minha mãe em uma consulta de rotina que seria anterior a uma nova cirurgia, pela qual passaria no dia seguinte e, pasme, após a realização do exame, o médico chegou perto de mim e tirou a cânula da traqueostomia. Recordo que me desesperei achando que iria cair ali mesmo, sem poder respirar, daí ele me olhou com um sorriso e me explicou que eu estava curada, sarada.

Nossa! Foi um momento de muita alegria. Aquele momento foi único, fui sarada, e não só da estenose, mas de tantas outras coisas. É incrível o poder que emana de nós!

O desafio sempre esteve presente em minha vida, e acredito que seja assim para com todos nós. Os desafios que enfrentamos nos tornam mais fortes e nos dão a oportunidade de crescer e evoluir. Acredito que eles façam parte da vida, e que a forma como os enfrentamos define quem somos. Cabe a nós escolher o nosso difícil.

O meu desafio de ter, perder e manter a voz me mostrou que é possível superar qualquer obstáculo, desde que tenhamos a força de vontade e coragem para seguir em frente. Para mim, a palavra desafio significa oportunidade, uma oportunidade para crescer, ressignificar, aprender e se tornar uma pessoa melhor.

Acredito que a minha experiência possa servir como inspiração para outras pessoas que estejam passando por algo parecido. Seja qual for a sua luta, sempre há uma maneira de vencer as dificuldades e encontrar um novo caminho, uma nova saída. Mesmo quando tudo parece difícil e sem solução, nunca devemos desistir. A vida pode ser desafiadora, mas temos dentro de nós uma força incrível capaz de superar qualquer obstáculo.

"A voz é a nossa forma de comunicação mais poderosa. Ela pode transformar o mundo e romper as barreiras do silêncio. Então, se alguém tentar calar a sua voz, lembre-se de que ela é a sua ferramenta mais poderosa.

Não se cale, lute e nunca desista de ser a melhor versão de si mesmo, independentemente dos desafios.

CAPÍTULO 7

EU, ENTRE O CUIDAR E O CUIDAR-ME

Ana Cláudia Silva de Oliveira Cavalcante

"E o amor, em vez de dar, exige. E quem gosta de nós quer que sejamos alguma coisa de que eles precisam."
—— Clarice Lispector ——

Se há dez anos eu pudesse tomar um café comigo do presente, diria para mim mesma: "Não tenha medo! Você dará conta! Tornou-se uma mulher destemida e de fé, que suportou com bravura as tempestades da vida e não apenas as marés. Eu me orgulho de você e de sua jornada de amor, de cuidado, de autocuidado, de fé. Eu a parabenizo por reconhecer os seus limites e por aprender a lidar com a culpa de forma gentil, consigo e com os outros e por, apesar de todas as circunstâncias, ter se tornado uma mulher cheia de vida, que exala alegria e profere palavras de vida e de esperança".

"Não exija que as coisas aconteçam como você deseja, mas deseje que elas aconteçam como acontecem, e você seguirá bem."
—— Epicteto ——

A vida não é feita só de flores; é um entrelaçar de picos e de vales, e essa é a beleza de se viver. Apreciar os seus tons e sabores, ora claros e amargos; ora escuros e doces, não importa: o caminho é amá-la em todas as nuanças e o jogar em mim, de bom ou de ruim. Amar o meu destino, como ensinavam os estoicos, *Amor Fati*, tudo contribuiu para me tornar quem sou.

Todavia, o mérito não é só meu, valorizo muito uma mão amiga, pois amizade é uma virtude necessária à vida, como afirmou Aristóteles: "certamente ninguém escolheria viver sem amigos, ainda que tivesse todos os outros bens". Essas impressões fazem parte da minha história, a que vou contá-la a você!

Era o despedir-se de uma tarde cinzenta, não qualquer, a do dia 17 de abril, celebração de mais uma de minhas melancólicas primaveras, uma parte de mim esperançava pelo momento; a outra, contudo, já não se frustrava pela fatídica ocasião, certamente ambas ansiavam pelo cair da noite e o desejo de permanecer.

No alpendre, o Rex latia, replicando alguns gatos arteiros que pulavam nos tamboretes. Lá fora, um gotejar úmido resfriava o solo árido e quente e o sol se escondia atrás da cortina de nuvens.

Na cozinha simples, ouvia-se o costurar de passadas arrastadas de titia, era coxa e ágil, de cãs curtas rebatidas na nuca, de baixíssima estatura, olhos bem apertados à oriental, todavia, de ouvidos e de coração bem abertos às minhas necessidades. O sorriso também lhe era frouxo e meio bobo, não envergonhado pela pouca dentição. Andava sempre inquieta em seus afazeres, balbuciando com fervor rezas e súplicas, enquanto o chiar do bule de café perfumava o ambiente.

Era a casa da tia Mimosa, a figura mais próxima com cheiro de mãe que conhecia, que desde que nasci me acolheu e cuidou de mim. Quando de tenra idade, ensinou-me sobre disciplina espiritual, então cresci entre Ave-Marias, Pais-Nossos, novenas, quermesses e coroações; mas, sem entender muito, decorava a missa que até hoje sei de cor. Admirava tanta devoção sem compreender se havia profundidade ou intimidade, observava sua disciplina, o jeito de não se abalar e de sempre esperar o melhor da vida, de sorrir e viver com contentamento, fez lembrar-me de Santo Agostinho: a vida feliz reside na plenitude e na medida, não nas coisas, mas na justa medida, na moderação de seu espírito; quem tem Deus é feliz, observava isso na vida dela.

Eu não queria ir para casa, já que a minha querida mãe não estaria lá. É doloroso se deparar com a ausência do colo desejado. A crise a roubara de nós pela décima oitava vez. Além do mais, meu pai possivelmente já estaria por aí, na companhia de uma garrafa qualquer para enganar a tristeza. Então, preferia a companhia e o consolo da titia.

Tomávamos café, a voz embargada entre soluços, titia me oferecia uma tapioca quentinha enquanto escutava, atenta e amorosamente, os lamentos de uma inocência pueril perturbada pelas saudades, pelo abandono, pela doença, pelas infindáveis trocas de remédios ou recusa de tomá-los; pelas constantes mudanças de condutas médicas.

Entristecia-me a transição da costumeira apatia (sem crises) à inusitada euforia, seguida das manias, da depressão, da insônia, dos delírios de perseguição, dos surtos psicóticos, da violência (involuntária), dos choros, dos gritos, do hospital psiquiátrico, da espera e da incerteza de seu retorno. Gostaria de um presente de aniversário: ouvir aquela voz aveludada, doce e mansa, cantarolando na cozinha uma música do Roberto Carlos, enquanto se detinha em seus afazeres domésticos e me chamava para a próxima refeição. Ao invés disso, os meus cuidados e afeto eram repetidamente postergados a temporadas, como se o amor e a infância pudessem congelar no tempo à espera da oportunidade. Havia meses em que minha parcela de carinho estava atrasada, e sabia que talvez nem a recebesse.

No rádio da vizinha, às 18h, soou uma música que me fez despertar do devaneio das minhas lembranças, eternas saudades da titia e de seus braços. O alemão a levara. Naquele momento, tomava um chá com um delicioso bolo de aniversário decorado, lilás e amarelo, as cores do Clube de Livro, clube de leitura onde até se ler é terapêutico, e do qual faço parte por ser apaixonada pela transformação que o conhecimento gera na vida das pessoas. No topo do bolo, a minha foto com um livro na mão, recorda o dia do lançamento do primeiro livro em coautoria, a coletânea *Mulheres que se escrevem*, do Clube, e hoje a minha missão é de escrever algo forte com leveza para você, caro leitor; tarefa desafiadora, confesso.

Rejeitei a culpa e a cobrança da sociedade, fui corajosa, piedosa e honesta comigo mesma ao assumir que não conseguiria mais, sem sacrificar a minha vida, cuidar de quem amo. Tomei a decisão mais difícil da minha existência: institucionalizar a minha mãe em um lar de idosos — após a reflexão de um livro[4]. Não suportava mais a triste realidade de conviver com as intermináveis crises, surtos e me internar com ela em um manicômio, meu campo de concentração, onde tive que me esforçar para manter a sanidade.

Eu precisava me cuidar, ser mãe, ser esposa, como uma mulher comum, além de ser também filha. Mas, naquele momento, estava restrita a ser apenas isso: sua filha.

Viver em paz com essa decisão foi particularmente difícil quando vinham à tona a autocrítica, que me apontava vestígios de culpa nos recônditos da minha alma, e o apego de amá-la e desejá-la perto, sem deixá-la ir. As dores eram inevitáveis: separação, zelo, escassez de recursos e emoções exauridas, certamente no ritmo que se sucediam, no futuro, legariam ao meu filho a mesma sorte.

> Até onde o amor e a codependência podem caminhar juntos sem exaurir as emoções e adoecer a alma e o corpo?

No meu caso, fui vencida pelo esgotamento físico, emocional e mental. Cheguei até a duvidar da fé. Pedi ajuda… contrariei e decepcionei muita gente com a minha decisão. Sofri, mas, antes de ter a mesma sina, tomei a direção de olhar para dentro, priorizar-me e viver o restante da minha vida um pouco mais para mim. Assim, fiz dos pensamentos atribuídos

---

[4] ARANTES, Ana Claudia Quintana. *A morte é um dia que vale a pena viver*. Rio de Janeiro: Sextante, 2019.

à Clarice Lispector, os meus: "Tenho meus limites. O primeiro deles é meu amor-próprio".

Apesar da vida conturbada, havia amor; não do jeito que eu sentia que precisava e desejava, mas do jeito que podiam oferecer. Sou profundamente grata pela infância e adolescência disfuncionais, pois aprendi sobre compaixão e empatia com a maternidade invertida, cuidando de perto da minha amada mãezinha tão carente e doente, com tantas doenças autoimunes e diagnósticos, que lembram mais bula de remédio e a música dos Titãs, *O Pulso*. O transtorno bipolar e a esquizofrenia afetivos, reclamavam os meus cuidados cada dia mais, quase integralmente. Negligenciei a pessoa mais importante: eu. A obesidade, a depressão e a compulsão alimentar afetaram, inclusive, o meu casamento.

> Cuidar é transbordar, é devido ao cuidar de si mesmo; não se dá ao outro o que não se tem.

Entre cuidados e internações, enquanto servidora pública, formei-me e pós-graduei-me em direito. Casei e sou mãe de um lindo e amável garoto adolescente. Mudei de estilo de vida, emagreci e tornei-me escritora. Dei entrevistas para TV, podcasts, rádio, ministrei workshops e palestras, e novamente estou me desafiando, apesar do medo de falhar em público. Mesmo com ansiedade, a respiração ofegante como em pós-maratona, enfrento-a.

Minhas limitações não me controlam, não ditam os meus caminhos. Assim diz Epicteto: "A doença é um obstáculo ao corpo, mas não à vontade, a menos que a vontade consinta".[5]

Na busca de me desafiar, primeiro, descobri que gosto de um palco, imagino que pela senoide emocional que ocasiona semelhança, ao

---

5 EPICTETO. Dos obstáculos, p. 19. In: EPICTETO. *Manual para a vida*: Encheiridion. Tradução: Rafael Arrais. [S.l]: TT Textos para Reflexão, 2013.

desfrutar de inusitadas experiências e aventuras, tais como: saltar de paraquedas, cavalgar, andar na montanha-russa, trilhas e outras coisas que dão aquele frio na barriga de não sentir as pernas. As emoções dão enredo à vida e os perigos, assim como a paixão, sussurram: *você está viva!* Louca, eu? Dra. Nise da Silveira me defende: "não se curem além da conta. Gente curada demais é gente chata", é coisa de gente viva que deseja viver intensamente.

Segundo, mas não menos importante, tornei-me uma mulher forte e sensível, quando descobri a minha identidade e o remédio para a minha alma ferida. Saber que sou a imagem e semelhança d'Aquele a quem me criou (*Gênesis*. 1:26-28)[6], e me deparar com essa verdade profunda e libertadora me fez não confundir mais identidade com função, status, profissão, papel ou algo impermanente, regido pela constante mudança, totalmente estranhos e desconectados da minha real essência. Aceitar a Cristo como meu único e suficiente Salvador e batizar-me nas águas, aproximou-me do Eterno. Essa cura significa para mim o entendimento de que: "sou um Espírito, tenho uma alma (não sou uma alma) e moro em um corpo", como diz Jucimar Ramos em *Uma visão de cura*. Isso me ajuda a não me identificar com as minhas emoções e também a separar os problemas da minha identidade. Essa tríade é que deve caminhar em equilíbrio e ser nutrida, pois é o alicerce da jornada em me sarar.

Por derradeiro, aprendi a importância de ressignificar o amor, a busca do belo e do bom, como me ensinou Platão, ao conceituá-lo. Então, passei a investir nas minhas belezas e bondades (físicas, intelectuais, emocionais etc.), com foco na mais importante: a espiritual; o que me fez ser encontrada pelo amor: o próprio e o dos outros. No entanto, o amor do qual eu necessitava estava à minha disposição o tempo inteiro, cuidando de mim, protegendo-me, acolhendo-me sempre de braços abertos e me ofertando a graça, favor imerecido, e o amor incondicional. E não precisava fazer nada para merecê-lo.

---

6   BÍBLIA. Pentateuco. Gênesis. Nas escrituras judaico-cristãs, Moisés, capítulo 1, versículos 26, 27 e 28.

Por mais que duvidasse, todas as coisas, boas e ruins que me ocorreram, cooperaram para o meu bem (Romanos 8: 28)[7], pois nunca estive sozinha. Meu Pai, Amigo, Senhor e Consolador me ama e cuida de mim e também cuida de você!

Portanto, cultive essa lembrança todos os dias, se possível: inclua-se no cuidado que exerce, pois o autocuidado é um ato de reverência e de amor ao Sagrado!

---

7   BÍBLIA. Epístola aos Romanos. Nas escrituras judaico-cristãs, diz o apóstolo Paulo, no capítulo 8, versículo 28.

CAPÍTULO 8

MINHA MENTE É MAIS FORTE QUE MINHA CABEÇA

Patrícia Freire de Vasconcelos

> *"Não há barreira, fechadura ou ferrolho que possas impor à liberdade da minha mente."*
> — Virginia Woolf —

De repente, tudo parou. Em câmara lenta, o estalido do tiro. A multidão correu...
Sinceramente? Não me lembro de nada disso. Sei apenas o que me contam. Ah... o que me contam? Muito. Só não me contaram o porquê de eu ter sobrevivido. Isso a vida que foi mostrando...

Sobreviver a um tiro na cabeça não é algo comum. Viver após esse episódio, muito menos. De repente, me vejo ali, numa emergência lotada e fria. Olhei para cima e vi no suporte de soro uma medicação não tão comum. E pensei: o que estou fazendo aqui? Logo eu, acadêmica de enfermagem extremamente imersa na profissão, e, para não dizer, decepcionada com ela também. Isso aconteceu em uma fase em que pensava em desistir da minha escolha profissional e sucumbir àquelas vozes que, mesmo não ditas, me olhavam e me sugeriam desistir, mudar a escolha que tinha feito.

Não foi fácil me tornar a paciente. Logo eu, tão altiva e determinada naquela posição de cuidar do outro, me vi na condição de vulnerabilidade e de entrega aos cuidados alheios. Não entendia o que estava acontecendo. Logo eu, tão acostumada a cuidar de pessoas e ditar as regras.

Era muito sangue. Não percebi que estava em uma maca sem colchão. Estava tão frio. O cheiro forte de urina que deslizava da cama ao chão... também não sentia. Relatavam e olhavam com preocupação: "será que ela não está sentindo as pernas?".

Nessas horas, ser da área da saúde tem seus privilégios. Amigos entravam e saíam. Sentia uma comoção geral. Mas por quê? Naquele momento, porém, ser da área da saúde também me provocava algumas questões não tão fáceis de responder. Por que ministravam aquela medicação para convulsão no suporte do soro? A dor de cabeça era tamanha que me impossibilitava de virar e me mexer.

Então, tive a curiosidade de perguntar à técnica de enfermagem que me atendia o que tinha acontecido. Muito tranquila e sem cerimônias, ela disse: "você levou um tiro na cabeça na região occipital e está viva, não sei nem como". A forma como fiquei sabendo me fez ter uma agitação tão grande, que não sei ao certo o que aconteceu depois. Não lembro. Teria sido sedada? Não sei... talvez.

Dentre as poucas recordações que tenho, lembro do banho no leito. Como pode esse procedimento de cuidado ser pior que o tiro em si? Durante o banho, me vi ali, largada, virada de um lado para outro. Inerte. Expectante. Não sabia sequer o nome das pessoas que tinham acesso ao meu corpo. Me senti assim: invadida. Recordo-me da pauta principal da discussão entre elas: a passagem de ônibus e a dificuldade para chegar ao trabalho. Cada um no seu drama pessoal. Deu vontade de dizer: "ei tô aqui! Vocês me veem?". Sou capaz de lembrar de cada detalhe, cada toque.

Cada frase também, algumas com gosto amargo, ditas em tons doces e vindas de rostos inabaláveis. Fazia parte do *métier*. Lembro do que me foi dito antes do procedimento cirúrgico, a ressalta médica de não saber como seria o pós-operatório e como ficariam minhas funções corporais. Senti medo. Muito medo. A cirurgia, porém, aconteceu antes do previsto: a pressão intracraniana subiu e a forte dor de cabeça piorou.

Não tinha jeito. Antecipou-se. O que, de certa forma, foi bom, porque recebi logo a anestesia; naquele momento, era mais importante para mim que minha cabeça parasse de doer do que pensar em qualquer possibilidade de sequelas futuras.

Como o meu caso estava relacionado a um incidente com arma de fogo, tive que prestar depoimento ainda no hospital. O que falar? Não tinha o que ser dito. Nem eu sabia o "motivo" daquele tiro que, de "perdido", não tinha nada.

Só entendi isso bem depois. A fala do perito era o prelúdio da explicação que buscava: "você deve ter um propósito muito forte para estar aqui viva. Por milímetros da localização da bala, você teria outro desfecho".

A realidade se pôs ali nua e crua. Sobretudo, sentida.

Minha mente não parava de pensar em tudo que via e sentia. Reforçava meu drama existencial sobre permanecer ou não na minha profissão. A mente não parava. Não conseguia relaxar. Para além do acontecimento em si, minha gana de sobreviver passou a ser pensar no que faria para mudar tudo aquilo.

Aquela situação que poderia sinalizar todas as respostas e reforçar o viés de confirmação sobre desistir e partir para outra, me fez compreender que eu tinha responsabilidade e que poderia mudar a realidade! Estava claro meu propósito: precisava que os meus colegas da enfermagem sentissem o que senti e como podemos fazer a diferença para essas pessoas, sendo "a melhor enfermeira que você puder ser".

Essa última frase apareceu em um contexto de alta hospitalar, dita por um profissional no momento em que agradeci todo cuidado e humanidade dispensada a mim.

Depois disso, tive uma dificuldade enorme de assimilar tudo pelo que tinha passado. A cabeça fervia de pensamentos. Dali em diante, minha vida profissional tomou o rumo de excelência: fiz duas especializações, aperfeiçoamento em hospital de referência, mestrado em um dos melhores programas de pós-graduação do Brasil e doutorado em uma universidade renomada. Passei em vários concursos públicos e, ao me formar, já estava inserida no mercado de trabalho.

Não foi fácil. Cada título conquistado foi um desafio e uma superação. Mas quem pautou essa busca foi a frase dita a mim "seja a melhor enfermeira que você puder ser".

Em muitos momentos, recém-formada, eu sentia o descrédito ao redor. Talvez fosse apenas coisa da minha cabeça, mas era algo que me gerava um sofrimento imenso. Ao mesmo tempo, me sentia no íntimo, poderosa, uma mulher maravilha. Afinal, venci a morte! Eu tinha um propósito (embora odiasse essa palavra)! Tudo aquilo era muito simples diante da dimensão do que eu já havia vivido.

Arrogante? Não de forma consciente. Hoje tenho clareza disso. No fim, percebi que a preocupação maior não era exatamente "ser a melhor enfermeira", mas provar aos olhares incrédulos que eu podia!

Daí, começa, de fato, o processo de cura. Com um atraso de quatro anos! Reconhecia que tinha sérios problemas, mas não sabia como resolvê-los. Encarei a busca de viver o processo terapêutico.

> O sarar-se acontece quando substituímos os "nãos" da vida, representados pelos "olhares incrédulos" ou até mesmo por atitudes, pela resiliência.

A capacidade de se manter firme, mesmo diante de cenários improváveis. Decidi retomar meu propósito. Passei então a amar essa palavra. Antes, a via como obrigação, após a terapia, como um direcionador de vida.

Entendi que precisava ensinar e repassar tudo que aprendi em dez anos de vivência profissional, e estimular aquelas pessoas que queriam ir para minha área de atuação, que soubessem que aqueles "olhares incrédulos" não são capazes de determinar quem você é. Decidi ir para docência, na intenção de contribuir para mudar a realidade e propagar que competências comportamentais são tão importantes quanto competências cognitivas.

> **Não era mais sobre mim e o que tinha acontecido, mas sobre como isso poderia ser ressignificado, sobre o que eu poderia fazer e como essa vivência transformaria realidades.**

A Patrícia de antes do acidente nada tem a ver com a Patrícia de depois. Hoje bem mais titulada, atuante e consciente, entendo que quanto mais alto subir, maior responsabilidade terei em manter-me humilde, vulnerável e que nem de longe preciso provar ser uma supermulher.

Afinal, elas só existem na ficção.

CAPÍTULO 9

A (IN)FERTILIDADE É UMA QUESTÃO DE POSICIONAMENTO

Felícia Bighetti Sarrassini

"Tem dor que vira companhia. Olhando de perto, faz tempo que deixou de doer, só tem fama, mas a gente não solta. Quem sabe, pelo receio de não saber o que fazer com o espaço, às vezes grande, que ficará desocupado se ela sair de cena. Vazio é também terreno fértil para novos florescimentos, mas costuma causar um medo inacreditável."

—— **Ana Jácomo, jornalista e escritora** ——

Sempre gostei de cuidar, o meu olhar interno sempre teve essa tendência, desde a infância, com minhas bonecas, e depois de adulta com as pessoas.

Talvez seja principalmente pelo gosto em cuidar que me tornei nutricionista, e me aprofundei no comportamento humano, para entender de que forma as pessoas se nutrem. Cuidei por anos de pessoas doentes em seus corpos e mentes, mergulhadas em si mesmas no transtorno de imagem e na escravidão do culto à magreza, de uma beleza imposta pela sociedade moderna, onde tudo deve ser padronizado, inclusive os corpos e o modo de pensar, principalmente os femininos. Até o ato de comer, que é algo tão profundo, visceral, cultural, político e multifacetado, se tornou padrão.

Nascemos chorando e por instinto e intuição procuramos o alimento materno. Ao longo do nosso crescimento e desenvolvimento, lidamos com muitos estímulos externos, o que pode causar distanciamento do que está dentro de nós e que nos define; o piloto automático prevalece, nos desconectamos dos nossos sinais internos e passamos a não os entender nem escutar, a desmerecer o nosso principal guia: o corpo. A voz de dentro ecoa lá longe, tão longe que dá a impressão de que não a ouvimos mais, de que se trata apenas de um sussurro distante. Seria essa ruptura o motivo de tantos sintomas e consequências cada vez mais presentes em nossas vidas?

Uma das maiores dores das mulheres que atendo é a de não aceitar serem quem são. Existe uma briga acirrada entre elas a as necessidades fisiológicas, impossíveis de se controlar, como os desejos, a fome e o prazer. Durante o tratamento de cada uma dessas mulheres, a minha intuição clínica me guiava para a reconstrução, de escutarem as suas próprias vozes internas, o resgate em respeitar seus sinais, fazer as pazes com a comida e abraçarem quem são com todas as suas dores e delícias.

> Ao mesmo tempo em que cuido delas, também cuido de mim, apuro a minha escuta ativa interna com compaixão.

Auxiliá-las a juntar suas partes desconectadas, estimulá-las a se permitirem ser quem são, levá-las a confiar no mosaico que se forma e aceitar o belo da maneira como ele se apresenta, sem representar um modelo único e em reprodução em série, é um desafio personalizado. Essa permissão é uma das grandes liberdades internas a serem conquistadas no caminho de cura. E, nessa estrada, esses caminhos também me ajudaram a sarar-me das minhas dores. Eu exercia de alguma forma a minha maternagem, através do cuidar, ensinar, abençoar e transformar, tanto com elas quanto comigo.

Como nutricionista, atuo na área de comportamento alimentar, com mestrado e doutorado em transtornos alimentares, mais especificamente anorexia e bulimia nervosas. Através das ferramentas do coach e da aromaterapia, coopero com as pessoas no seu despertar para identificar em si mesmas o que elas têm de melhor: o potencial para encontrar e trilhar o seu caminho de prosperidade.

Estudo e me dedico à profissão que escolhi e que me escolheu. Para mim, a vida pessoal sempre foi um brinde, um celebrar, rodeada da família e de amigos, e ao vivê-la cultivei o desejo de me casar e construir uma família.

São tantos projetos, tantos filhos figurativos gerados e criados... Porém, chegara o momento de gerar o filho tão esperado e desejado.

Tentei naturalmente por um período, mas não aconteceu como previa e, com o avanço da idade, procurei ajuda profissional. Tive a primeira tentativa de engravidar por fertilização *in vitro*, e por esse caminho foram nove tratamentos, nove anos de uma busca constante. Um período de muita frustração, mas, graças à terapia, desenvolvi recursos para tolerar a minha frustração e lidar com as dores da espera.

> O desejo frustrado de ser mãe se misturava com a alegria das mulheres que amo, ao ver seus sonhos se realizando.

Foram anos de dor, embora sem perder a leveza, o brilho nos olhos e a esperança, somada a muitas boas descobertas também, inclusive a de que posso nutrir outros sonhos e gerar os filhos desses sonhos.

A minha mãe interna se tornou forte e capaz de me acolher, e também a quem estiver nas proximidades. A dor se tornou confortável e se encaixou de maneira tal que sinto uma paz conquistada, possibilitando-me passear nas minhas oscilações com a confiança de que tudo passa e se transforma.

Hoje, minha árvore está em solo fértil. Me posicionei de forma a gerar muitos frutos e muitas sementes para florescer. Sou grata por tantos ganhos, em transformar a dor em luz, clareza, escolha consciente de que posso ser plena e realizada com a vida que pulsa.

Já morei em três capitais, atualmente moro em Fortaleza e entrei no Clube de Livro para me abastecer ainda mais de conhecimento, encontros, boas experiências e vivências. Eu amo conhecer e trocar experiências com pessoas que me enriquecem. Tenho uma relação feliz com meu marido, meu grande parceiro, incentivador e admirador. Temos um tesouro, a nossa Pipoca, uma cachorrinha que veio para me dar amor incondicional e ensinar o quanto posso amar e cuidar.

Continuo a nutrir a minha vida e as minhas lindas experiências. Tenho um baú de preciosidades guardadas, cada uma com a sua história gerada pela minha história. Honro a vida que vivo; me orgulho muito dela e das pessoas que me cercam, e do amor que transborda em mim.

> O sonho, o desejo de ser mãe, me mostrou que posso cuidar, amar e me realizar através das posições em que escolho estar, exercer, defender e transformar.

Então, considero esse sonho muito sagrado, porque ele alimenta o melhor que eu posso ser e que posso gerar. A minha força vem em me posicionar e fertilizar a minha caminhada nesse campo que ora recebe chuva, ora recebe sol, e que produz a colheitas que eu aceito, amo e admiro.

Minha vida não se trata de (in)fertilidade... eu sou um florescer contínuo.

CAPÍTULO 10

QUANDO A RESPONSABILIDADE PRODUZ AUTORRESPONSABILIDADE

Danielle de Almeida Rocha

"Aprendi que a vida é feita de dois lados. Você precisa conhecer o lado torto para conhecer o lado bonito. Então, nesse sentido, todas as experiências pelas quais nós passamos são absolutamente válidas."

—— **Elis Regina** ——

Não sei ao certo se a responsabilidade nasceu antes ou depois de mim. Me pergunto se ela se encaixou em mim, ou se eu que vim predestinada a ela, se eu tinha que ser responsável de corpo e alma. Qual veio primeiro? Só sei que grandes responsabilidades sempre permearam minha vida, por isso não sei se sou fruto dela ou se ela que adveio de mim.

Minhas noites insones não vêm de agora — atualmente estou grávida da Teresa, minha terceira gestação — sou esposa, mãe, filha, irmã, amiga, mestranda, advogada. A experiência com noites maldormidas vem desde as vésperas dos primeiros dias de aula, das apresentações escolares ou até mesmo, pasmem, desde o dia que antecedia os passeios para o *Beach Park*, que é puro lazer.

Para início de conversa, sou filha de pai e mãe muito jovens, tornaram-se pais quando tinham exatamente vinte anos. Seja pela história de vida de cada um, seja pela imaturidade própria da tenra idade, a verdade é que também nessa parte da minha história, muitas vezes fui pai e mãe deles, das minhas irmãs, e inclusive de mim mesma.

Sempre achei que teria que assumir grandes papéis na vida. A melhor aluna, a melhor filha, a melhor bailarina. A MELHOR, sempre, de tudo. Ah, e também a mais séria. Sempre tive a sensação de ter nascido com, no mínimo, cinquenta anos (essa característica também é marcante na minha filha Elis), tão grande era minha maturidade diante dos acontecimentos. Acontece que a cobrança que vem da responsabilidade me trouxe danos severos, que carrego numa mochila (in)visível até hoje. Não só pelos traumas do passado, mas por ter perseverado no meu desejo de ser sempre a personagem-protagonista-impecável de tudo que assumisse na vida.

Por Deus, fui mãe bem jovem, com 23 anos. Sim, por Deus. Não queria ser uma mulher sozinha, mas casar e ter filhos não era um sonho de infância. Queria ter sucesso profissional, autonomia financeira, aprender várias línguas e viajar. Achava que meu destino dependeria só de mim, que teria uma vida na qual todas as minhas necessidades e caprichos seriam supridos.

Mas, por Deus também, o egocentrismo caiu por terra bem cedo na minha vida. E foi nesse caminho distinto, não planejado por mim, que mais aprendi, porque foi no cuidar do outro que eu também me cuidei.

> Eu entendi que a perfeição era uma palavra bem distante, e que não me pertencia; não por pessimismo, nem sentimento de derrota ou de fracasso, mas porque hoje entendo que sou uma mulher, como qualquer outra, que, na verdade, está predestinada a acertar e a errar pelo resto da vida.

Saber disso, por mais óbvio que seja, não fazia sentido para mim antes. Na minha equação matemática da vida, o resultado não admitiria resto, nem números quebrados. Tudo deveria ser lógico, certo e infalível. Ledo engano. Na encenação da vida, estamos sempre num eterno ensaio, encenando e reencenando as mesmas cenas, às vezes acertando de primeira, noutras errando milhares de vezes, exatamente no mesmo ponto.

No meio disso tudo, o que eu não esperava é que teria um companheiro pelo resto da vida que viria junto no pacote da formação da minha nova família nuclear: o Transtorno do Déficit de Atenção com Hiperatividade (TDAH). Foi por sintomas apresentados pelo meu filho mais velho que descobrimos que, tanto ele quanto o pai, possuem o transtorno. Os profissionais que o acompanhavam demoraram a bater o martelo, afinal meu filho nunca teve problemas na escola e é um dos melhores alunos da sala, o que fez até o neuropediatra dizer: "Ele é tão inteligente, que mesmo com toda essa perturbação na cabeça, ainda se sobressai cognitivamente."

Contudo, entre o vai e vem de neuropediatra e psicopedagoga, o diagnóstico foi fechado. Ele é como uma etiqueta, uma tarja que a gente coloca num objeto. Por mais que no dia a dia permaneça o mesmo, a nomeação se torna um marco, que pode transformar-se em um fardo ou no começo de uma proveitosa missão rumo à melhora do indivíduo.

Ouso dizer que sou especialista na doença; não porque estudei com afinco o assunto, uma vez que não sou da área da saúde, nem da educação. Mas sou especialista por ser a mãe de um portador do transtorno. Por saber dizer o que ele tem, o que ele sente e o que ele sofre. Por acompanhar os avanços e os retrocessos diários, por ter o celular cheio de alarmes de compromissos que não são os meus, por ter a casa "enfeitada" com desenho de um quimono e lembrete em letras garrafais do tipo: "às terças e às quintas, leve a roupa do karatê na mochila".

Dificuldade de concentração, perda de objetos com frequência, sentimento de tédio com facilidade, desorganização e dificuldade de planejamento, erros frequentes por desatenção, ser "8 ou 80" em tudo o que fazem: eis um pequeno retrato de sintomas desse transtorno que não tem cura.

Não posso negar a chateação que é ter que lembrá-lo várias vezes ao longo dos dias e noites dos seus afazeres pessoais. É aborrecedor para ele e para mim. Eu mais pareço uma secretária ambulante, toda hora buzinando algo no ouvido do meu filho. Mas foi só a partir da descoberta do transtorno que tiramos a culpa que impúnhamos a ele pelos esquecimentos frequentes, e passamos a conviver com algo que não teríamos como mudar, mas teríamos, com as ferramentas corretas, um modo de ajustar.

Porém, por mais insano que pareça, posso dizer que, por ter a memória recente afetada, ele traz consigo um grande bônus: é o melhor guardador de segredos que conheço. Ele não conta assunto sigiloso de ninguém, pois como ele mesmo diz: "Mamãe, pode me contar, você sabe que eu não lembro". Olha só, o esquecimento, que é frequentemente visto como um defeito, pode, muitas vezes, ser um grande triunfo.

> Lutamos tanto para não esquecer nada nesta vida frenética que não atentamos que esquecer, às vezes, pode não ser tão ruim assim. Pelo contrário, em muitos casos, pode ser muito bom.

O TDAH também traz consigo uma característica bem peculiar. Os indivíduos que possuem o transtorno têm o que os profissionais da área chamam de hiperfoco. Apesar de sofrerem demais com a desatenção, quando um portador de TDAH ativa o hiperfoco em algo, nada mais interessa, ele passa a ter um nível de concentração máximo e duradouro numa única tarefa. Meu filho, por exemplo, está no momento com hiperfoco em tudo relacionado a futebol. Coisa que nunca imaginei, porque, quando o colocamos na escolinha de futebol pela primeira vez, aos três anos, ele mesmo pediu para sair porque não aguentava correr tanto. Vai entender.

Para finalizar o assunto sobre o transtorno de déficit de atenção, vejo outra qualidade que salta aos olhos na convivência com meu filho: ele não guarda rancor de ninguém. Nas vezes em que se zanga com minha ladainha constante dizendo o que ele tem ou não que fazer, passam-se cinco minutos, ele esquece e vem me fazer carinho. Eu, que sempre tive "Síndrome de Poliana", tentando extrair o lado bom de tudo, enxergo desta forma.

No meio desta peleja diária, cá me encontro, perdoando-o e me perdoando, pois, ao sarar as feridas dele vou sarando as minhas também. É nos percalços inesperados do caminho que devemos ser mais lúcidos. O papel de líder me foi confiado, exigindo de mim mais do que eu podia imaginar. Quando você lida com situações ideais é uma coisa, agora, quando você tem que entender e respeitar todas essas diferenças para atingir um nível tal de excelência nas relações familiares, profissionais, educacionais, entre outras, é coisa totalmente distinta.

Assim, estou sempre antecipando decisões, antevendo situações, evitando cair nos buracos da vida. Da minha e da deles. Buscando a melhora, mas não mais a perfeição. Libertei-me dessa escravidão. E o que contribuiu bastante para essa mudança de *mindset* foi a minha entrada no Clube de Livro. Por meio do convite da querida amiga Maria Dias, tive a oportunidade de usufruir da companhia de tantas e diversas mulheres.

Afinal, é na junção de diferentes elementos que um prédio, leia-se ser humano, põe-se de pé. Nessa comunidade de mulheres, me senti importante, ao mesmo tempo tão igual, simultaneamente forte e frágil. Senti que estava pronta a me desnudar tanto no falar quanto na escrita. Essa última bem mais reveladora de mim, porque ela não passará nunca, aqui jaz o registro.

Vejo minha vida como um serviço diário para os meus; faço doação de tempo, energia e conselhos a todo instante. Já cheguei até a não me dar o direito de adoecer, tamanha era minha responsabilidade com eles. Só que adoeci. Daí, precisei recuar. Na estratégia da vida, às vezes, recuar vale mais que avançar.

> E foi nesses passos para trás que vi que não podia descuidar de mim, a responsabilidade se transmudava em autorresponsabilidade.

Como poderia cuidar de alguém se não tinha esmero por mim? Isso é humanamente impossível. Voltei e me cuidei.

Comecei por dentro, afinal tudo que perdura nasce de dentro para fora: o filho no ventre da mãe, a semente que germina na terra, o sentimento de amor verdadeiro. Por benevolência do Altíssimo, sou a viga-mestra da construção que é minha família. Sigo a correnteza do rio com os meus, sabendo que o protagonismo solitário é água passada em minha vida. O que me edifica está neles.

CAPÍTULO 11

QUANDO A LIMITAÇÃO LEVA À POTÊNCIA PESSOAL E PROFISSIONAL

Liana Bezerra Góis

"Quem quer que seja, onde quer que esteja, o que quer que tenha passado, nunca é tarde para começar de novo."
—— Joyce Meyer ——

Acredito que tudo que acontece na nossa vida seja um treinamento para a pessoa que vamos nos tornar, como um tipo de preparo para aquilo que fomos feitos para ser. Somos a soma de cada luta pela qual passamos.

O ano era 2001, estava voltando da escola com minha mãe, quando seu celular toca: era uma ligação do meu pai dizendo que não estava conseguindo dirigir e que sentia fraqueza nas pernas. Lembro que ela, com o olhar assustado, acelerou o carro e disse que ia buscá-lo para levá-lo ao médico.

Naquele momento, nem passava pela minha cabeça o que viveríamos nos próximos meses. Eu só tinha onze anos, era a mais nova entre os meus dois irmãos.

Depois de passar por várias consultas e exames, dentre eles uma tomografia, foi detectado um tumor na cervical já de tamanho considerável e que comprimia a medula. Logo, a diminuição da força e dos movimentos de membros inferiores e superiores vieram.

Na fila de espera para a cirurgia de urgência, medo e insegurança foram os sentimentos de que lembro sentir. Ver meu pai, que sempre foi minha figura de autoridade no lar — forte, provedor e protetor — perdendo sua autonomia tão de repente, não foi fácil.

Após a cirurgia, passou a ser cuidado 24 horas, em uma cadeira de rodas. Ouvir do médico que seria muito difícil ele voltar a andar foi de deixar o coração dilacerado. Tarefas que outrora eram tão simples, se tornaram difíceis. Além da limitação física, vi em seus olhos o sentimento de impotência, de não ter mais controle sobre sua vida, sobre seu corpo, e a dor de ter que aceitar sua condição atual: era preciso reaprender a viver. Vi essa nova realidade se estender por mais de um ano.

Essa experiência plantou algo dentro de mim: o cuidar do outro. Diariamente via o tratamento sendo realizado por profissionais que davam o seu melhor para que meu pai voltasse a andar, e que, além dos estímulos físicos, o encorajavam com palavras de afirmação: "você pode, você vai conseguir! Tenha fé, só mais uma vez!". Eu via aquela cena e dizia para mim mesma: "também quero fazer isso".

Desde então, sempre estava ali perto, auxiliando no que fosse necessário. O cuidar passou a ser a minha prioridade. Quase dois anos após a cirurgia, depois de muito tratamento, e mesmo com algumas limitações, meu pai voltou a andar. A sua fé e força interior surpreenderam a medicina e o que até então era julgado impossível tornou-se alcançável.

Viver isso de perto me influenciou a escolher a fisioterapia como profissão. Queria fazer pelas pessoas tudo o que foi feito pelo meu pai, e, alguns anos depois, também pela minha avó.

Assim que completei dezoito anos, comecei a trabalhar para pagar a faculdade e, durante um período, saía de casa às 6h30 para não perder o ônibus, passava o dia na universidade, no final da tarde saía da aula e ia para o trabalho, em uma empresa de telecomunicação, e voltava às 2h da manhã. Fazia de tudo para "me virar", não queria ser motivo de preocupação dos meus pais e sempre resolvia tudo que podia sozinha.

Já perto de me formar, casei-me e comecei a trabalhar em um hospital. Finalmente atuava na minha área. Mas o que demorei para perceber foi que, nesse período, parei de pensar em mim. Na verdade, eu, que tanto cuidava do outro, me deixei para depois.

Na rotina frenética de plantões, atendimentos em domicílio, cuidados de casa e da filha, dizia sim para todos, menos para mim. Deixei de fazer coisas de que tanto gostava, que me faziam bem, atividades que faziam eu me sentir viva.

> Quando me dei conta, o cuidado com o outro havia me afastado de mim.

A virada de chave veio com a decisão do divórcio, que me trouxe mais clareza sobre tudo o que estava vivendo:

> Estava deixando minha vida passar, vendo meus dias escorrerem pelas minhas mãos, vivendo sem propósito.

Passava por um momento em que tudo que era certeza virou incerteza. Entrei em crise na carreira, pois não queria mais atuar na área, minha vida sentimental ficou totalmente abalada: não acreditava que teria um relacionamento feliz, nem que seria capaz de confiar novamente; minha vida espiritual estava morna: já não orava, nem conseguia ser grata pela vida que tinha.

Nesse período, já trabalhava na área comercial, minha filha estava com quatro anos. Foi em uma conversa na sala de espera do consultório que conheci o Clube de Livro, e pensei *pode ser algo bom para esse momento*. Lembrei das tantas coisas que gostava de fazer e tinha deixado de lado. Era o passo inicial para resgatar a minha essência.

O livro daquele mês era *O milagre da manhã*, do autor Hal Elrod. Como não acredito em coincidências, entendi mais tarde que tudo fazia parte de algo maior, pois ele era tudo que eu precisava ler naquele momento.

O livro me deu clareza sobre muitos aspectos na minha vida e sobre o momento em que me encontrava; entendi que a mudança só dependia de mim. Acordar mais cedo me fez despertar para a vida; voltar a fazer atividade física; orar; praticar as palavras de afirmação... Tudo isso foi muito importante para aquele momento que eu vivia, e não dependia de ninguém para colocar em prática. A escolha era minha.

> Decidir viver o novo, como uma criança que está aprendendo a andar, que ainda está meio atrapalhada, buscando o equilíbrio, reconhecendo e sentindo cada novo passo e comemorando as pequenas vitórias, que, para mim, iam desde uma caminhada pela manhã, até as orações de agradecimentos ao final do dia.

Comecei a aproveitar minha própria companhia; lembrei daquela menina de dezoito anos cheia de sonhos, que era feliz e satisfeita nas pequenas coisas do dia, de sorriso leve e que não se abalava nem quando algum cliente ligava de madrugada reclamando do defeito em sua linha telefônica.

Ah, como era maravilhoso trazer luz em tudo que até então estava na escuridão dentro de mim. Na minha mente, aquilo que estava como um quartinho escuro da bagunça que vamos entulhando de experiências a sentimentos confusos, ao ponto de tornar-se inacessível para todos, inclusive para mim, agora era uma área que eu queria descobrir. Sim, era hora de organizar a casa interior.

Lembrei do processo pelo qual meu pai passou depois da cirurgia, e pelo qual muitas de nós passamos em algum momento da vida: estamos tão habituados à realidade que conhecemos, ainda que em situações com as quais não sonhamos ou que não planejamos, que muitas vezes vivemos no modo automático. Essa vida, que parece ser cômoda, é abalada quando algo, geralmente traumático, acontece e perdemos o controle da situação. Nessa hora, nos sentimos paralisadas, sem saber o que fazer, porque o desconhecido assusta, e as mudanças geram desconforto.

Então, precisamos reaprender a caminhar. Assim como no cuidado pós cirúrgico, existe um processo... E esse processo gera dor, sentimos vontade de olhar para trás, nos apegamos a algo que, por algum período, foi bom, mas que, hoje, não faz mais sentido para o momento em que estamos.

Achava que fosse viver através da minha profissão, porque era tudo que eu conhecia e tinha aprendido a fazer; então, descobri que o cuidar vai muito além de físico: ele está em todas as esferas. Posso cuidar do outro por meio das minhas ações, do abraço, da escuta, do amparo. Mas sem esquecer de mim, daquilo que gosto, do que faz meu coração vibrar.

Além disso, achava que, até meus trinta anos, já teria minha vida pessoal resolvida, que a vida era aquela mesmo e pronto, que não poderia esperar muito mais do que já tinha.

> O que aprendi sobre a limitação é que ela está na cabeça de cada um de nós. Quando nos limitamos, física ou mentalmente, paralisamos uma boa parte da nossa vida, e de tudo que ainda podemos viver.

Trabalhar na área da saúde desenvolveu em mim o olhar empático ao outro, o cuidado que vai além da técnica aprendida em cinco anos de estudo, algo que não te ensinam nos livros – o toque, a presença que muitas vezes vem apenas para afirmar "eu estou aqui".

O cuidar de mim me fez cuidar melhor do outro; nunca a passagem "amar ao próximo como a si mesmo" fez tanto sentido para mim.

Quando me curei da necessidade de aprovação do outro, pude, de fato, compreender quem eu era, qual era a minha identidade e o meu propósito. Passei muitos anos da minha vida preocupada com o amanhã.

A verdade é que, hoje, entendo que não temos o controle sobre muitas das situações que acontecem na nossa vida. Temos, sim, sonhos e planos, e traçamos estratégias para alcançá-los, mas nossa vida é um constante agora, não nos permite nada definitivo.

O despertar para a minha real identidade se deu através da leitura e do autoconhecimento. Não me refiro aqui àquela de que me falaram durante minha infância, adolescência, nem na fase adulta; mas aquela que existe desde que eu estava no ventre da minha mãe, e que me trouxe a clareza da missão que tenho na terra: viver por um propósito.

Passei, então, a viver um dia de cada vez, fazendo tudo que me faz sentir viva. Entendi que tudo que vivi me molda para ser a mulher em que me transformo a cada dia, e que o lugar que ocupo hoje é o meio, não o fim, para tudo o que, de alguma forma, através da minha vida, possa ser instrumento de cura, de crescimento e de potencialidade para tantas mulheres incríveis que estão nessa caminhada, mas ainda não despertaram para sua essência.

Te convido para dar início a esse recomeço na sua vida.

PARTE 3

A violência é vil, as confissões são sagradas

CAPÍTULO 12

COMO CUIDO DE MIM E DO PRÓXIMO, SEM ME COLOCAR EM RISCO?

Carla Núbia Nery Oliveira

"As mulheres são os arquitetos reais da sociedade."
—— Harriet Elizabeth Beecher Stowe ——

Primeiramente, devo explicar que o título inicial do meu capítulo era "Como cuido do risco sem me colocar em risco?", todavia, tive dificuldade e não conseguia produzir sequer um parágrafo, até que o alterei para: "Como cuido de mim e do próximo, sem me colocar em risco?".

Entendo o **cuidado com próximo** como o cuidar das pessoas com as quais convivemos, sobretudo, daquelas que mais amamos; e o **risco** como qualquer coisa que nos tire da zona de conforto, podendo ou não nos tirar o equilíbrio, podendo ou não gerar conflitos (des)necessários.

Durante a escrita deste texto, ouvi a música *Risco*, da cantora Marcela Tais, que tem uma letra inspiradora, uma sonoridade belíssima e que me traz boas lembranças. Uma música que soa como poesia, que traz uma visão do risco como um ingrediente da vida. Recomendo, a quem não conhece a música, que a ouça!

Um traço forte da minha personalidade é que gosto de viver enfrentando as adversidades, não pensando no risco como um perigo ou ameaça, mas sabendo que o controle de tudo está nas mãos de Deus (sim, sou uma pessoa de fé). Isso não significa que faço as coisas sem pensar nas consequências, sem racionalidade ou por pura impulsividade, apesar de que isso, uma hora ou outra, possa acontecer com qualquer um de nós, seres humanos, dotados de imperfeições, tais como pressa e ansiedade.

O que quero dizer é que faço coisas que são possíveis para mim, que penso serem boas, agradáveis e justas. Tento, de alguma forma, contribuir para uma sociedade mais fraterna e solidária.

Quando era criança, sofri *bullying* e também defendi uma colega de escola dessa prática, a agressora era uma menina bem maior e mais forte que eu. Já ouvi outra "amiga" falar mal de mim pelas costas (cheguei bem no momento), e pedi que repetisse na minha cara. Ela não repetiu, envergonhou-se. Assim, penso: não crie tantas expectativas, principalmente com pessoas, e serás bem mais feliz.

Já escapuli de um péssimo relacionamento (um verdadeiro livramento). À época, todos achavam que eu estava deixando escapar um excelente partido, mas só Deus sabe.

Já presenteei quem não merecia, ofereci um livro a uma pessoa, enquanto passava por um momento difícil da minha vida, e essa pessoa debochou do meu jeito de ser em um blog muito mal elaborado. Terei sido vítima de um crime virtual, talvez? Preferi deixar nas mãos de Deus. Essa pessoa já teve sua resposta, consequência de seus atos.

Já naveguei no mar e em rios. Hoje moro numa cidade litorânea, mas vivi um período na região norte. Conhece a bacia amazônica? Eu conheço bem! Posso dizer que o Brasil é riquíssimo em biodiversidade e em riscos.

Conheço também belas cachoeiras. Fiz visita a uma usina hidrelétrica (local de grandeza e riscos visíveis), vi aquelas turbinas em ação, do que me lembro até hoje, as construções me encantam. Gosto de natureza, de ver as dunas. Gosto de ir aos topos de prédios e ver o nascer e o pôr do sol. Gosto de filmes com histórias emotivas e de ação. Já pratiquei esportes radicais, hoje prefiro uma academia ou caminhar ao ar livre. Fiz e faço viagens em família, mas já viajei sozinha para lugares que não conhecia, como uma mochileira mesmo, e amei. Fascinam-me os riscos cheios de beleza.

Já fiz advocacia *pro bono*[8], mesmo recebendo críticas, e hoje continuo com voluntariado em outro âmbito social. Querendo ou não, doar e doar-se sempre é um risco.

Quando tinha 25 anos, sofri comentários machistas e preconceituosos de um professor. Falei-lhe algumas verdades e ensinei-lhe sobre respeito, creio eu, depois veio o silêncio. Anos depois, ele me pediu perdão, eu já o tinha perdoado há muito tempo, porque, para mim, nada do que ele falou condizia com a minha realidade. Perdoar é uma graça e um dom que só pessoas resilientes empreendem.

Meses atrás, pedi demissão de um emprego no qual sofri assédio moral, novamente preferi deixar nas mãos de Deus. Refleti e não permiti a mim mesma ser desvalorizada em um ambiente de trabalho. Todos merecem respeito. E, como operadora do direito, evitando até dissabores no poder judiciário, pedi o cumprimento do meu contrato e desligamento. No mais, se um dia algo for feito, cabe aos órgãos de fiscalização cumprirem a lei.

Assim, a minha forma de pensar e de ver o mundo me ajuda a passar por situações diversas. Tentar resolvê-las é um desafio, que sendo alcançado, torna-se uma conquista, um aprendizado, e contribui para o que chamo de resiliência.

> Mais que pensar nos riscos, viver é, literalmente, um risco. Viver mostra-nos que somos pequenos diante da criação divina, etenos aprendizes, capazes, apesar de limitados, e que somos efêmeros e importantes ao mesmo tempo.

---

8 Segundo o Provimento nº 166/2015 - O Conselho Federal da Ordem dos Advogados do Brasil, no uso das atribuições que lhe são conferidas pelo art. 54, V, da Lei nº 8.906, de 04 de julho de 1994 – Estatuto da Advocacia e da OAB, e considerando o decidido nos autos da Proposição nº 49.0000.2013.002310-8/COP, RESOLVE: Art. 1º Considera-se advocacia *pro bono* a prestação gratuita, eventual e voluntária de serviços jurídicos em favor de instituições sociais sem fins econômicos e aos seus assistidos, sempre que os beneficiários não dispuserem de recursos para a contratação de profissional.

Como mencionei anteriormente, sou formada em Direito, além de gestão pública. Amo resolver as lides jurídicas, sempre que possível, através dos meios de autocomposição, conciliação e mediação, porque vejo que, no dia a dia, o melhor é usarmos os instrumentos legais para ponderar questões divergentes, mediar conflitos e evitar os confrontos.

Há três anos, um familiar me pediu ajuda. Ele passava por sérios problemas emocionais e precisava de medicamentos para tratar depressão; fora isso, parecia-me que também tinha traços de autismo, mas como não tenho formação na área da saúde, não posso afirmar.

Certo dia, vizinhos de um condomínio onde esse familiar morava, mesmo sabendo da condição do jovem, fizeram uma festa de aniversário à noite no apartamento ao lado do quarto onde ele dormia. Simplesmente, ao invés de usarem o salão de festas, fizeram uma algazarra no apartamento, prejudicando uma pessoa que estava debilitada. Adivinhe o que aconteceu? Eu acabei com a "festa", lógico, porque fui ao socorro do meu familiar. Disse aos festeiros que aquilo era um absurdo e um desrespeito com uma pessoa que estava em tratamento de saúde. O problema é que isso foi parar na delegacia. Logo eu, que não atuo na área criminal, e evito, de todas as formas, confusões.

Fui pega de surpresa por pessoas desonestas que distorceram todos os fatos. A situação toda foi tão esdrúxula e desnecessária que fiquei bastante abatida. Pensava dia e noite, *como pessoas que também estavam erradas, estavam se utilizando das leis para algo inexistente, infundado?* Fiquei até, de certa forma, decepcionada com o poder estatal, com os servidores públicos etc. Eu simplesmente não entendia o que estava acontecendo. Perguntava-me, *cadê a investigação?* Esse é o risco que não prevemos, muitas vezes, porque não podemos prever a intenção dos outros.

Mantive a calma e serenidade e resolvi juntar todas as provas que tinha, principalmente as gravações de áudio. Durante esse período, descobri que pessoas envolvidas com a festa também exerciam serviços na administração do condomínio, e usaram de abuso de poder e influência para se isentarem das responsabilidades.

Simplificando a história, foi uma situação desgastante, abri um processo contra uma das pessoas, mesmo sendo relutante a esse tipo de atitude, mas foi a forma que encontrei para me defender. Chegamos no dia da audiência de conciliação, e adivinhe? Resolvi conciliar e terminar com essa situação absurda. Depois disso, nunca mais as vi, soube apenas que os moradores tomaram coragem e tiraram algumas pessoas da administração do condomínio. O melhor da história foi que o meu familiar se mudou de endereço e se recuperou.

Então, surgem algumas perguntas para refletirmos: "Deixo de cuidar do próximo devido aos riscos, ou enfrento os riscos para isso? Como posso cuidar do próximo, reduzindo os riscos, tanto para ele como para mim mesma?"

Ninguém está imune a viver situações desagradáveis. Temos controle sobre algumas coisas, mas não sobre tudo; algumas coisas são boas e outras, ruins, não temos como prever com certeza quais são os riscos, principalmente quando envolvem outras pessoas, mas podemos ver os acontecimentos como aprendizado, tornando-nos mais compassivos, fortes, perseverantes e resilientes. Essa será a nossa melhor conquista, tornar-nos melhores a cada dia, a cada aprendizado, a cada vitória pessoal.

O cuidar é importante. Arriscar-se é escolha. E, como participante do Clube de Livro, afirmo: ler e escrever é um cuidado gratificante.

Dedico este capítulo em homenagem a três mulheres fortes e importantes em minha vida: minha ascendência, minhas avós e minha mãe, exemplos de mulheres intelectualmente ativas, Maria Núbia Ferro Oliveira (avó paterna), Raimunda Carlos Gil (avó materna) e Rita Carlos Nery Oliveira (mãe).

Por fim, agradeço à minha amiga Rafaela Pinheiro, que me convidou para participar do Clube de Livro, à querida Alyne Christina Regis Moura, criadora do Clube, às embaixadoras: Ana Cláudia Cavalcante, Edmara Monteiro da Silveira, Kilvia Tavares, Liana Bezerra Góis, Maria Dias, Soraya Guimarães Carvalho, Rose Lira (consultora desta obra) e demais escritoras desta coletânea. É uma honra fazer parte deste projeto. Gratidão.

CAPÍTULO 13

DA MINHA CRIANÇA CUIDO EU E NINGUÉM MAIS

Maria Rosinê Magalhães dos Santos Castro

"A criança interior é aquela que se manifesta em nós e cujas experiências ainda não 'foram embora'. Muitas vezes, ainda vemos o mundo através dos olhos de nossa criança."
—— **Michelly Fernandes** ——

A linha temporal da exposição dos fatos me foge à memória, mas lembro nitidamente de tudo, porque afinal, existem acontecimentos que nos marcam de forma indelével.

Lembro-me apenas de ser criança, e ter entre seis ou sete anos, porém, diante das experiências vivenciadas, era uma criança quase adulta. Você compreenderá, ao final da leitura, o motivo desta afirmação.

Estávamos todos em casa, quando meu avô chegou. Ele tinha o hábito de nos visitar, haja vista que passava por nossa casa quando precisava trabalhar como agricultor, nos seus roçados localizados na serra. Contudo, naquele dia, não se tratava de mera passagem, ele precisava de uma reposta ao questionamento que trazia consigo, e essa resposta poderia impactar minha vida de modo substancial.

Eu e meus irmãos gostávamos quando ele ia nos visitar, porque sempre nos presenteava com uns trocados para comprarmos bombons na bodega. Sua visita era motivo de expectativa e de alegria.

Porém, naquele dia, antes de qualquer coisa, proferira a seguinte indagação: "quem vai querer morar em Fortaleza?", e continuou, "quem decidir partir vou presentear com dez cruzeiros". Eu não tinha a menor noção de valor de dinheiro, mas sabia que a quantia ofertada era suficiente para a comprar muitos bombons. De imediato, sem titubear, respondi que preferia o dinheiro.

Minha tia estava grávida, e pediu ao meu avô que questionasse a minha mãe se uma de suas filhas poderia ajudá-la com os cuidados do bebê que estava por vir. Minha mãe respondeu que não poderia ceder a filha mais velha, porque ela ajudava com os afazeres da casa e com os irmãos mais novos — sou de uma família de nove filhos — mas se a Nezinha quisesse, tudo bem.

Eu era a Nezinha, a terceira filha, não tão velha para ajudar com as tarefas domésticas da casa, nem tão nova para ser dependente de cuidados.

Assim, eu concordei, mas, nesse momento, minha irmã mais velha perguntou: "como você vai se nem roupa tem para isso?". Abrindo a sua mala azul, falou: "Eu que deveria ir, olha a quantidade de roupa que tenho". O pior é que ela tinha razão; eu possuía apenas três mudas de roupas, guardadas em uma caixa de papelão sem tampa.

Minha mãe, presenciando aquela confusão, saiu de mansinho na chuva para comprar uma muda de roupa nova na mercearia da esquina. Lembro como se fosse hoje dela chegando com a roupa enrolada em papel de fazer "pé duro" (um tipo de cigarro artesanal). Roupa que, depois de um tempo, retornou para que minhas irmãs mais novas pudessem usar.

Sempre que lembro dessa história, não consigo conter as lágrimas que molham minha face e embargam minha voz. Hoje, posso mensurar a grandiosidade daquele ato da minha mãe, que para mim foi um gesto de amor extremo e do qual o tempo jamais me fará esquecer.

O problema da vestimenta estava parcialmente solucionado, todavia, ainda era necessário providenciar um par de sapatos, afinal, eu não poderia ir para a capital sem sapato. Eu portava nos pés uma sandália havaiana de "cabrestos" azuis, era o único calçado que possuía até então.

Era início do ano, eu já estava com meu material todo pronto, só aguardando o começo das aulas. Havia comprado um caderno de dez matérias e colado nele várias figurinhas, mas diante da nova situação que se impunha, procurei na vizinhança alguma menina que calçasse o mesmo número que o meu, para podermos fazer a troca de um caderno lindo e cheio de figuras, pelo par de sapatos que me levariam à capital.

Troca feita e estava pronta, ou pelo menos, parecia pronta. Despedi-me da minha família, e meu avô me conduziu, de bicicleta, para o interior em que morava, onde minha tia nos aguardava, para, no dia seguinte, viajarmos à Fortaleza.

A sacola que eu carregava podia não estar cheia de roupas novas e lindas, mas levava grandes sonhos para uma menina de apenas oito anos. Tinha certeza de que minha vida poderia mudar para melhor, mas, ao mesmo tempo, não fazia noção do que estava por vir.

Sentia-me preparada para enfrentar esse desafio, como hoje diz minha filha, seria fácil, "mamão com açúcar", "molinho, molinho", afinal de contas, havia morado um tempo com minha vó e aprendido muitas coisas, como fiar, o que me possibilitou, aos seis anos, produzir minha primeira rede; fazia chapéus e bolsas de palha; ajudava minha avó na confecção de panelas de barro, bem como na criação dos animais. Minha tarefa, ao entardecer, era conduzir as vacas ao rio para que pudessem beber água, depois guardar as cabras no "chiqueiro".

Chegamos à capital, e a primeira providência da minha tia, foi me levar para comprar roupas novas no "beco da poeira". Aquele sapato, resultante de uma permuta com uma colega do interior, descolou em pleno centro da cidade. Fiquei passada de vergonha, na ocasião, queria apenas um buraco para me esconder.

Ainda no centro da cidade, me deparei com uma loja repleta de bonecas Barbie, aquilo simplesmente me encantou. Desejei tanto uma, porque, na minha infância, até então, eu não tinha tido a oportunidade de brincar de boneca "de verdade". Eu e meus irmãos brincávamos com sabugo de milho, fazendo castelos, ou então, minha mãe, com o uso do lençol, confeccionava bonecas de pano para brincarmos; e claro, existiam as brincadeiras de rua, que eu amava, como pular corda e pega-pega. Porém, aquelas bonecas Barbie me chamaram atenção; eram maravilhosamente lindas, pedi uma para minha tia, mas ela não podia comprar, entretanto, disse que, se eu quisesse, poderia tirar uma foto minha com elas. É claro que aceitei. Tenho esse momento registrado até hoje.

O bebê que minha tia aguardava nasceu e, com ele, veio uma maior responsabilidade para mim. Eu estudava no período da tarde e, quando minha tia e seu esposo saíam para o trabalho, ficava em casa com a incumbência de cuidar do bebê e do cachorro até ao meio-dia, horário em que seu esposo chegava.

O certo é que não sabia direito cuidar de um bebê, tanto que, um dia, ofereci suco de maracujá ao meu primo, quando não deveria, porque ele ainda não tinha idade certa para tomar suco, mas eu não tinha conhecimento disso. Tudo que queria era brincar e assistir TV, amava a *Família Dinossauro*, o *Pica-Pau*, a *Caverna do Dragão*, o *Programa da Xuxa*, mas as tarefas de adultos me foram imputadas cedo demais. A infância me foi tolhida pelas circunstâncias e pelas escolhas que tinha feito para o meu futuro.

A vida no interior não oferecia, na minha visão, grandes possibilidades de ascensão e crescimento. Meu maior medo era casar cedo e ter que cuidar apenas da casa. Nada contra, no entanto, não sonhava com esse destino. Eu queria mais, embora não soubesse exatamente o quê.

Uma colega da escola, certa vez, perguntou o que eu queria ser quando crescesse. Imediatamente respondi que queria uma profissão que me permitisse nunca parar de estudar. Não sei por que proferi aquela frase, mas hoje para mim faz todo sentido. Deus já tinha um plano para minha vida, era certo, por isso, vivo os propósitos dele.

Hoje, tenho a clara percepção de que tudo serve a um propósito, e, às vezes, é preciso pagar um preço para vivê-lo. É clichê, eu sei, mas nada acontece por acaso, tudo fora preliminarmente arquitetado pelo nosso superior, com o objetivo de sempre nos ofertar o melhor; só percebi isso tempos depois, após derramar muitas lágrimas e questionar por que tudo aquilo acontecia comigo.

Naquela época, eu não tinha noção de que criança não pode trabalhar. Pensei que fosse certo, já que se tratava de uma crença passada pela família, todavia, hoje percebo que tive que amadurecer muito rápido, e que me foi retirado o direito de viver a melhor fase: a de ser criança, de brincar, de ser cuidada e amada. Por outro lado, quando olho pelo retrovisor da vida, não vejo mais com tanto peso ou fardo essa experiência pela qual passei, entendo que foi necessária para tudo que Deus planejava para mim.

A experiência vivida não influenciou na minha escolha profissional, não obstante, consegui ressignificar aquele momento de modo positivo, posto que me proporcionou um senso gigantesco de responsabilidade, mas, indubitavelmente, afetou minha infância no que diz respeito à dedicação exclusiva aos estudos.

É por isso que, hoje, os priorizo tanto, não só na minha vida, mas também na vida dos meus filhos e daqueles que me cercam. Creio que o conhecimento seja uma das maiores heranças que, como pais, podemos deixar para eles. O conhecimento tem poder, transforma vidas, e eu posso dizer que sou prova disso.

Não foi fácil e, se tivesse sido, talvez não tivesse o mesmo sabor. A virada de chave para mim aconteceu quando parei de reclamar da minha condição e de me colocar na posição de vítima. Aprendi a agradecer mesmo diante das adversidades, passei a interpretar que os momentos desafiadores seriam necessários e passageiros.

Diante de todos esses percalços, consegui o que, para muitos, parecia improvável: me formar em direito, fui a primeira da família com graduação. Em seguida, fiz especializações em direito do trabalho e processo civil, e, atualmente, sou advogada na defesa dos direitos dos trabalhadores. Sou também mediadora e conciliadora do Tribunal de Justiça do Ceará, auxilio as partes na construção da composição de seus conflitos. Mas sei que ainda tenho muito a fazer.

CAPÍTULO 14

A ÚLTIMA PALAVRA É MINHA... E NÃO DA VIOLÊNCIA QUE ME RODEIA[9]

Edmara Monteiro da Silveira

> *"O horror será a minha responsabilidade até que se complete a metamorfose e que o horror se transforme em claridade."*
> — Clarice Lispector —

Quando parei para escrever este texto, o dia não era dos mais bonitos, o céu estava nublado, acinzentado, garoava e ventava bastante. Era literalmente uma sexta-feira de outono. Antes de colocar as minhas ideias no papel, tive uma longa conversa com um amigo sobre autoconhecimento e as decisões que dão forma à nossa vida, sobre escolhas, consequências e a maldade do coração humano. Essa conversa foi tão longa que me fez repensar toda a minha trajetória de vida. Parei, analisei mais uma vez o percurso e percebi que sou uma improvável.

> Por mais que escolhesse contar sobre a minha história, sempre tive a escolha de permanecer no passado ou estar no presente.

---

[9] Alerta: este texto contém gatilho de violência sexual. Leia com cautela.

Percebi que a vida é sobre isso: escolhas. Posso ser uma grande medrosa, contar e recontar a minha história sob o olhar do aprisionamento, como posso ser forte e corajosa, olhar para o passado, não permanecer lá e simplesmente ter a opção e a vontade de avançar. Descobri que tudo muda de acordo com as nossas perspectivas e decisões. E, nesse ponto, descobrimos que a vida é simples, independente do que aconteça durante a trajetória. Determinamos permanecer no sofrimento, escolhendo mal passar pelo dia, e aprendemos com ele a levar essa lição para nossa vida.

As palavras que sempre rodearam a minha história e me forjaram são: escolha, decisão, avanço, persistência, ressignificação e resiliência. Com isso, não quero dizer que sou uma mulher maravilha ou que possuo uma varinha de condão, que, com um simples pensamento, tudo fluiu e mudou. Não! O que quero dizer é que escolhi percorrer um caminho de oportunidades, deixar o vitimismo de lado e dizer que, independentemente do que passei ou das dores que enfrentei, sou merecedora. Mereço escolher ser feliz, alcançar a plenitude, exercer a gratidão e viver a amorosidade.

Assim eu fiz! Comecei a trilhar e construir esse caminho.

Nesse processo, percebi que, na área onde fomos mais feridos, é onde somos usados para curar e tratar outras pessoas. Pessoas podem ser usadas para ferir, mas também para curar. Eu escolhi ser usada para curar.

Quando digo que sou uma pessoa improvável, é porque a vida sempre foi desafiadora para mim, a começar pela forma como fui concebida. Aos dezenove anos, minha mãe foi estuprada em Salvador; neste ato, ela perdeu a sua virgindade e também todos os seus sonhos. Paro por um instante, e sou levada a pensar em como era a sociedade na década de 1980, e o quanto foi sofrido, para ela, encarar esses traumas e superá-los sozinha. Não houve acompanhamento médico, nem assistência social, tampouco psicológica. Houve, sim, muita culpa, choro e solidão.

Três meses após o ocorrido, ela descobriu que estava grávida de mim. Mais uma vez, a minha imaginação aflora, sou levada à cena naquele hospital, minha mãe recebendo a notícia do médico (que, por ironia do destino, era o mesmo que a atendeu na noite do estupro). Imagino-a adolescente, fragilizada, com medo, se sentindo solitária, se martirizando pelo ocorrido, se culpando por estar vivenciando tudo aquilo, tentando entender o que de fato ocorria em sua vida. Longe da família e sem ter com quem compartilhar a sua dor. Com certeza, o desespero tomou conta, sua alma se desestabilizou, e a dor que sentia era tão grande, que a levou ao extremo: ela tentou abortar, mas essa tentativa não funcionou. "Vou me suicidar", pensou, mas também não teve êxito. Assim, seis meses após a descoberta, depois de cinco dias hospitalizada, nasci de um parto normal com fórceps.

Aqui, cabe destacar, que, de acordo com as memórias intrauterinas, já nasci me sentindo rejeitada pelos meus pais, cresci sendo órfã de pais vivos, adquiri uma identidade disfuncional da qual a rejeição e o vitimismo faziam parte constante do meu dia a dia.

Cresci gritando, implorando para ser vista. Não sabia o que era me sentir amada, tampouco me sentia segura. Nutri a crença de que não precisava de ninguém. Sentia que amar era algo impossível em minha vida, afinal, todos que amei me abandonaram, então, construí uma muralha ao meu redor e me tranquei. Não poderia permitir que me machucassem ainda mais; talvez, por ter crescido num mundo onde as minhas lentes foram deturpadas, acreditei que assim estaria segura e protegida da dor. Pobre criança que fui!

Nesse contexto, passei por duas situações que me aprisionaram mais ainda na minha caverna, e fizeram crescer o sentimento de insignificância. Foram os abusos sexuais que enfrentei dos dois aos dez anos, por dois homens de minha família. Eram pessoas próximas, que exerciam o papel da figura masculina e paterna em minha vida. Cresci ouvindo que aquilo era "nosso segredo" e que não podia contar para ninguém.

Toda as vezes que aconteciam, a sensação de abandono aumentava. Questionava: *onde está minha mãe? Por que ela não enxerga isso? Até quando vou aguentar?* O medo era a minha maior companhia. Tornei-me uma criança, uma adolescente e depois uma adulta tão amarga, ríspida, ansiosa, perfeccionista, que buscava ter o controle sobre tudo e todos. Necessitava ser vista, valorizada e amada pelo que eu entregava, e nunca pelo que era. O senso da competitividade era tão grande que ansiava ser sempre o centro das atenções.

> A disfuncionalidade da alma me impedia de acessar a minha verdadeira identidade: não sabia quem era e muito menos o que desejava.

Não tinha consciência do que era feminilidade, bem como ignorava exercer a minha singularidade. A energia masculina em mim era tamanha, que afastava todos, e criei uma concepção errônea sobre relacionamentos.

Aos quinze anos, tive uma grande frustração e desejei tirar minha vida. Foi quando descobri, em uma discussão com minha mãe, que eu era fruto de um estupro, e que meu pai biológico não era considerado um bom cidadão. Naquele instante, as coisas começaram a fazer sentido para mim. Entendi o porquê de ela me tratar diferente, mesmo que inconscientemente, entendi os olhares, as falas: "você se parece com seu pai", "você não tem nada de mim", carregadas de um peso emocional tão negativo.

Assim que descobri isso, saí de casa e andei pelas ruas da cidade, chorando e tentando encontrar uma forma de acabar com a minha vida. Não desejava ser a responsável pela minha morte, mas precisava morrer.

Passei um tempo procurando maneiras de tirar minha própria vida e orando para que Deus me levasse; até ler a Bíblia em Salmo 116. Fui visitada pelo Espírito Santo e liberta dessa vontade de pôr um fim a minha vida.

Quanto aos relacionamentos amorosos, demorei muito tempo para me permitir a tê-los. Sempre me autossabotava e rapidamente, em menos de três meses, arrumava uma desculpa para terminá-los e afastá-los de mim.

Apesar de viver em meio ao caos e enfrentar todas as dificuldades que enfrentei, sempre desejei ser mãe. Carreguei a certeza de que só seria feliz, por completo, no momento em que gerasse uma criança. Só assim seria amada e encontraria a plenitude.

Busquei a realização deste sonho; construí minha família aos 24 anos, e um mês após meu casamento, engravidei. Vivi a plenitude de um sonho, nem em meus melhores dias, nunca teria conseguido imaginar o quão bom era estar grávida, e o melhor, de gêmeos! Helena e Arthur cresciam em meu ventre. Mas nem tudo saiu conforme o planejado...

Tive toxoplasmose na gestação, precisei ficar internada, e sofri um choque anafilático por conta da alergia a um antibiótico. Meus filhos morreram em meu ventre. O meu organismo precisou de um tempo para entender que eu havia perdido os gêmeos. Foram algumas semanas de angústia e de dor. Sangrei até sujar toda a casa, e assim, perdi meus amores.

A partir deste momento, me fechei em minha dor, e, mais uma vez, não via sentido em continuar vivendo. Foram anos de angústia e tentativas sem sucesso para engravidar novamente. Após sete anos lutando, o milagre mais uma vez ocorreu. Em um momento em que não achava mais ser possível, engravidei do Miguel. Estava num processo de tratamento, com muito corticoide e medicação pesada, pois tinha sofrido um acidente e destruído o meu joelho esquerdo, 34 kg acima do meu peso ideal e, neste contexto, veio uma gestação. Os meus olhos não acreditavam no que estavam vendo no ultrassom. Miguel era tão perfeito, lindo, desejado e já amado! Era o meu menino que viria para curar toda aquela dor que existia em minha alma.

Entretanto, mais uma vez fui pega de surpresa pela ironia da vida... Miguel tinha uma má formação em seu coração e, quando menos esperávamos, o seu coração parou de bater. Ah, como sofri e chorei com a sua partida! Foram momentos de muita oração e clamor a Deus para que o coração dele voltasse a bater. Mas isso não aconteceu.

Novamente, passei pelo processo do meu organismo entender que o meu filho havia falecido e entrar em trabalho de parto, seguido de curetagem. Quando finalizou esse processo, entrei num lugar muito sombrio e difícil. A depressão se fez presente e não existiam mais forças para lutar. Entrei numa prisão e acorrentei a minha alma.

A dor era enorme, e vinha seguida de culpa e de frustração. Tantos questionamentos me assolavam, perguntava: *como posso ser tão indigna de não gerar um filho? Como posso ser amada? Deus se esqueceu de mim? Minhas orações não são ouvidas? Deus me abandonou?* Naquele instante, decidir enterrar meus sonhos, decidi que era incapaz de ter um filho em meus braços, e que jamais seria chamada de mãe. Coloquei um DIU e declarei, *"chega! Não sou uma bem-aventurada!"*.

Os anos passaram e, mesmo com o DIU, gestei mais uma vez. Uma gestação tubária. Revivi todas as sensações que havia enterrado. Chorava constantemente, com medo de perder meu filho, olhava o tempo todo a calcinha, com medo de um sangramento, acionei diversos gatilhos que nem sabia que estavam ali, e que me davam muito medo. Entendi que esta gestação era diferenciada, algo estava errado, eram crises e mais crises de fortes cólicas... até que veio a confirmação, uma gestação tubária.

Diferente das demais, eu não me permitir ir ao fundo do poço, pelo contrário, vivi cada momento e cada choro como a possibilidade de me curar, revisitei as caixas das lembranças e me permiti sentir a dor, reescrever a história e entender que "tudo coopera para o bem daqueles que amam a Deus" (Romanos 8:28).

Assim, compreendi que sou mãe de quatros crianças lindas que voltaram para o Senhor: Helena, Arthur, Miguel e Elisa — que mesmo sem saber o sexo, sentia que era uma menina.

Durante a minha trajetória de vida, me tornei cristã aos seis anos, e permaneço firme no propósito de servir a Deus. Por muito tempo, não foi fácil estar em uma comunidade eclesiástica sem compreender o amor de Deus e senti-lo utópico demais para mim, sentir sem vivenciar a fé.

Como eu poderia amar a Deus (que é a representatividade paterna) se os dois "pais" que conheci eram maus? Um estuprou a minha mãe e o outro roubou a minha inocência? Por anos vivi esses conflitos, mas compreendi que não gostaria de passar assim por essa vida, mas, sim vivê-la em sua totalidade.

> O primeiro passo foi a busca pelo autoconhecimento, por meio de terapias, cursos, leituras e mudanças de hábitos.

Nesse contexto, descobri que o primeiro passo para reescrever a minha história era a aceitação. Entender e compreender que essa era a minha história! Cabia a mim aceitá-la e ser agente de cura na vida de outras mulheres, ou viver na insignificância da dor e do vitimismo.

Eu escolhi ser agente transformador. Aceitei o processo de cura e libertação da minha alma, e passei a viver a intencionalidade em busca de descobrir o meu propósito de vida e vivê-lo.

Destaco apenas que mudei o paradigma e, dia após dia, passei a mudar os hábitos, a aceitar e a reescrever a minha história. Meu passado sempre será o mesmo, mas o meu futuro será de acordo com o que eu plantar no presente.

Assim, passei a ser grata pelo dom da vida, a olhar para minha vida com mais leveza, e exercer diariamente o princípio da gratidão. Aprendi a olhar para as oportunidades que o universo me apresenta e a abraçá-las com muita amorosidade. Me tornar mentora de mulheres foi uma delas.

Hoje, consigo ter um olhar empático para tantas mulheres que perderam seus filhos, passaram por traumas sexuais, se perderam em um casamento, se divorciaram e estão perdidas em sua dor, sem forças para caminhar. É por essas mulheres e por tantas outras que escrevo, que trabalho e que desejo cuidar.

Compreendo que ainda estou construindo a minha jornada, mas o meu caminho tem sido com flores, rios e pastos verdejantes. Eu me permiti ser sarada, compreendi que, apesar das perdas, ainda posso maternar, e isso é libertador.

Hoje meu maternar é para com pessoas que estão carentes por um abraço e amor.

Na minha vida eclesiástica, entendi o meu chamado para o pastoreio, também exerço a maternidade nesse contexto, e através disso encontro a plenitude e consigo desfrutar mais de Deus. Em minha jornada, me permiti curar as minhas dores e perdoar aqueles que me fizeram mal, minha alma foi transformada e hoje eu vivo e sinto a paternidade do *Aba*[10]. Tenho o melhor pai do mundo, sou amada, cuidada e a menina de seus olhos.

Não há como não ser transformada! A palavra que me descreve é transformação. Ah, e como fui impactada pela transformação!

> Hoje, olho para dentro de mim e vejo que o que era turvo, sombrio, escuro, frio tornou-se amor, contentamento, alegria e gratidão. Fui transformada pelo perdão e houve libertação.

Hoje livre sou. Vivo em paz!

---

[10] Aba Pai é uma expressão bíblica derivada do termo com origem no aramaico "ábba" que significa "o pai" ou "meu pai". A expressão "Aba, Pai" foi utilizada por Jesus Cristo no momento de sua morte, quando suplicava a Deus, chamando-o de Pai.

CAPÍTULO 15

TÓXICO É DIFERENTE DE ABUSIVO, MAS EU ME PACIFICO

Cristiany Oliveira Brito

> "Renda-se, como eu me rendi. Mergulhe no que você não conhece como eu mergulhei. Não se preocupe em entender, viver ultrapassa qualquer entendimento."
> — Clarice Lispector —

Essa história recomeça... tenho muitas que foram vividas nesses quarenta e pouco anos de vida que coleciono, mas, de fato, só encontrei a minha essência há pouco tempo, porque foi preciso atravessar a aridez para perceber o deserto no qual vivia, e era meramente coadjuvante da minha história.

A vida real é assim; há pouco tempo toda a sua complexidade começou a fazer sentido para mim. A mochila que eu carregava não estava vazia, estava lotada e pesada. Cheia de medos, dores, lágrimas, escolhas erradas, irresponsabilidades, frustações, ressentimentos e mágoas. Quem observa de longe não consegue saber o que se passa, e quem está dentro da travessia costuma ter ainda menos condições de identificar se está vivendo uma vida saudável, tóxica ou abusiva.

Uma coisa é fato: apesar de ser extremamente necessário, não é fácil se libertar ou esvaziar, pois tudo isso traz prejuízo.

> **Viver em situação tóxica é extremamente sufocante.**

Pode-se dizer que, em muitos casos, quem causa a pressão precisa que o outro se sinta mal para que ele se sinta bem ou pelo menos não se sinta tão mal. Hoje, penso que cada pessoa que passa por nós tem um papel marcante em nossa história — positiva ou negativamente. Pessoas entram e saem da nossa vida com propósitos.

Precisei passar por esse deserto para poder começar entender o sentido da vida. Por muitos anos, achei que a minha vida estivesse estruturada, ou que tudo parecia estar em seu devido lugar. Um trabalho que amava, faculdade, vida social a todo vapor, vida financeira estável, sempre presente na igreja e com uma família funcional, pois meus pais sempre nos ensinaram valores e princípios. Tudo estava aparentemente tranquilo e dominado.

Quando menos esperava, comecei a entrar em um mundo totalmente novo, jogo de gente grande, uma realidade às vezes perversa e preconceituosa. Uma coisa era estudar, palestrar, ler sobre adicção, outra é conviver com ela. E, mais uma vez, estava 100% envolvida no servir, só que, dessa vez, me afundei literalmente em uma coisa chamada codependência. Por achar que tinha conhecimento teórico suficiente, achei que poderia ajudar e não me envolver profundamente. E, realmente, fiz o meu melhor. Fui do teórico ao prático em pouco tempo.

Me pego às vezes me indagando e lhe pergunto o mesmo: "Já parou para pensar quantas pessoas já passaram pela nossa vida?". As pessoas às quais me refiro, quero ressaltar, são aquelas que importam de verdade, como familiares, amores, amizades, pessoas do trabalho, até mesmo colegas e conhecidos, mas que, hoje, não estão mais na sua vida. As pessoas simplesmente passam pelo nosso caminho, e o processo de entender isso é o que me intriga. Entendo que cada um tem um tempo na nossa vida e ninguém entra sem uma razão. Essa minha fase me marcou.

Mas ficou a questão: o que vivenciei foi algo tóxico? Abusivo?

Posso lhe falar que ainda estou em processo de descobrir. Mas, afirmo que saudável não foi. Uma relação, seja ela qual for, tem que ser uma via de mão dupla, tem que ir e vir. Quando só um lado busca manter essa relação, torna-se cansativo e passa a não fazer muito sentido. Buscava compreensão, atenção, olhos e ouvidos para o outro, quando necessário. Por maior que seja o erro cometido, tem que haver o diálogo, se não há, não tem nada, fica vazio.

> Cobrava algo que "meu amigo" não poderia me oferecer.

Então, houve uma guerra de narcisistas, onde começou minha decadência afetiva. Sabemos que o momento agradável voltará e ficamos viciados esperando por isso, pois temos certeza de que, no fim das contas, ele sempre volta. Os momentos bons são tão agradáveis que esquecemos dos maus.

Hoje, entendo que não foi apenas essa fase que causou todo o estrago na minha vida, e sim muitos episódios durante todo o percurso; isso foi apenas o estopim ou alerta que faltava para começar a entender muitas outras questões que estavam na minha mochila. Foi necessário vivenciar o episódio para poder começar a corrigir a rota e entender o propósito como um todo.

Tento ser "minimalista", busco acumular poucos itens para proporcionar mais liberdade, leveza e simplicidade às pessoas. Buscava desesperadamente clareza, mas era como se a lente através da qual eu enxergava o mundo estivesse borrada e distorcida. Estava cega espiritual e mentalmente, nada fazia sentido, estava a vagar. Sempre escutei: "você é muito forte e sempre conquista tudo o que quer". No quesito ajudar ao outro, sempre tirava nota máxima. Era a pessoa que todos queriam ter por perto, animada, alegre, otimista, motivadora, amiga fiel, a parceira ideal, e achava que estava indo tudo bem; contudo, não era bem assim.

Sempre pronta para lutar por tudo e todos, menos por mim e pelo que queria ou acreditava. Chegou um tempo em que não me reconhecia mais, estava totalmente sem rumo ou identidade. Dizer "não" era uma coisa impossível, então sempre me anulava em detrimento do pedido do outro, fosse no âmbito amoroso, familiar, em amizades e até no profissional.

> Cheguei a um estágio na relação com o outro que ia contra tudo que pregava e acreditava, simplesmente por achar que a minha felicidade estava nele, no outro, ou em um lugar específico fora de mim.

Cheguei ao fundo do poço, sem trabalho, sem casa, sem dinheiro, sem comida, sem amigos, sem Deus (porque, quando fazemos certas coisas, é natural nos afastarmos dEle). Só dívidas e um vazio enorme de culpa, ressentimento e impotência. Sempre vinha na mente: "Cadê a mulher forte que todos me achavam?". A vida não tinha mais sentido, e cheguei a flertar por algumas vezes com a morte.

Meu real propósito naquele momento não fazia sentido. Porque acredito que viemos ao mundo com um propósito.

Você já se fez essa pergunta alguma vez na vida? "Qual o meu propósito? O que estou fazendo da minha vida?". Isso vinha muito forte na minha mente. O processo de autoconhecimento pode ser lento e doloroso.

> Sair da dor dói, mas se faz necessário.

Passei um longo tempo me vendo do outro lado do espelho, me identificando com o papel de vítima, cheia de mimimi, afundando cada vez mais. Muitos têm dificuldade de entender quando é o tempo de ir, de ficar, de voltar ou de partir. Esse entendimento só vem com o tempo e com o amadurecimento, porque envolve decisões difíceis, e está muito conectado aos momentos, a aproveitar a vida de verdade, em sua plenitude. Mas entenda, isso tudo é um processo de transformação da vida, de mudança, e faz parte da nossa construção enquanto seres humanos.

Através da turbulência, percebi que os fins são essenciais para nossa transformação e crescimento emocional. E meu dia chegou!

Um dia, só eu, Deus e o mar, percebi que estava totalmente errada e, naquele momento, tive uma DR com Deus. Foi a melhor conversa da minha vida. Foi um BUM! Uma tarde de reflexão e a certeza que a maneira pela qual eu estava conduzindo a minha vida não poderia mais continuar a mesma. Me perdoar e perdoar o outro era o primeiro passo. Levantei-me, enxuguei o mar de lágrimas em meu rosto, e, naquele dia, fui de verdade à casa do Pai, como filho pródigo.

Parei de culpar outras pessoas — amores, mãe, ex-chefe, amigos, circunstâncias adversas, papagaio e periquito. Assumi o controle a minha vida, decidi reviver. Crescer custa, demora, esfola, mas compensa. É uma vitória secreta e sem testemunhas, em que o adversário somos nós mesmos. As lembranças, memórias, consequências e dores continuam aqui, agora a ferida não dói tanto. O processo é para sempre.

Me pergunto: "Será que hoje já sei viver sem dor?". Só sei que, dentro de mim, há uma vontade de ser diferente, e de ter força para romper. Não sei a fórmula, muito menos o caminho certo. Muitas vezes, tinha vontade e não tinha a força para a ação, então estagnava. Sempre reclamando da vida que tinha e me vitimizando. Não amava minha dor, queria me libertar e ser outra mulher, só que sempre estava na mesma estação, no final da linha, esperando passar o transporte que me ofereceria carona para uma vida nova.

> O que era breu hoje é transformado em propósito, e a minha cegueira foi substituída por amor-próprio e sabedoria.

A leitura e a conexão com mulheres intelectualmente ativas (Clube de Livro) vêm me ajudando no processo de descoberta do meu eu. Pessoas ainda acham que melhor é não lembrar do que dói. Quantos ainda falam: "é melhor parar de falar, está doendo". Acreditam não suportar a dor, então pensam: "porque não a evitar?". Não sabem que falar desata nós, retira o investimento, a energia, a força.

> A palavra tem sonoridade, temperatura, tonalidade, musicalidade, ressonância. Tem força. A cura não vem do esquecer, vem do lembrar sem sentir dor. É um processo. Partilhar minhas experiências com outras mulheres é libertador.

O remédio não funciona para quem não reconhece a doença. É preciso viver o processo, não entregar o controle da vida nas mãos de ninguém, ou atribuir a felicidade a outra pessoa. Caso contrário, corre o risco de a pessoa ir embora e levar toda sua vida junto... e aí?

Se abrir para outros lugares e novas pessoas, novos olhares e novas ideias é normal. A vida é única, o dia de hoje não volta, vivemos só por hoje, então, aprendemos a desfrutar e não adiar ou deixar passar.

Hoje, entendo, não levo mágoa, frustração, nem o sentimento de decepção, mas, sim, o aprendizado de que a vida é curta demais para desperdiçar os segundos. De tudo isso, levo uma gratidão imensa. Ninguém passa na nossa vida por acaso.

Busco sempre trabalhar autoestima, comunicação, escuta, colocar limites, administrar conflitos, inteligência emocional e a busca pela paz interior. Para fortalecer o processo, faço terapia, porque é importante buscar a ajuda de alguém especializado. O legal é entender que isso é a vida, e as experiências estão aí para serem vividas.

O medo é real! Mas podemos recomeçar um lindo dia como hoje!

CAPÍTULO 16

A AGRESSÃO, O AGRESSOR E O SENSO COMUM, SOU MAIS EU!

Josemara de Maria Saraiva Ponte de Abreu Costa

"Meu coração se abre para o perdão. Através do perdão alcanço o amor."
—— **Louise Hay** ——

Sou Josemara Ponte, nascida no interior do Ceará, na cidade de Tianguá, a aproximadamente 318 km da capital Fortaleza. Cresci cercada de familiares do sexo masculino, filha de pais trabalhadores. Minha mãe morava na rua e passeava em casa: trabalhava demais como diretora em dois hospitais. Já meu pai, representante político, dedicava-se ao seu eleitorado/cliente, o povo, e à sua loja de roupas e utilidades na cidade. Então, eu e meu irmão convivíamos mais com as nossas cuidadoras, vizinhos e familiares que moravam próximo.

Era uma criança que brincava muito, muito, muito... principalmente de brincadeiras como voleibol, bicicleta, futebol, videogame e baralho; também gostava de estudar, ler gibis etc. A casa dos meus pais se comunicava com a dos meus avós e, à época, eu era a única neta mulher. Meu avô era alucinado por mim, fazia tudo para me agradar. Então, eu passava muito tempo na casa dos meus avós, inclusive dormia bastante lá.

Confesso que fui uma criança meio sem limites, no que diz respeito aos bens materiais, pois tudo que eu queria meu avô me dava, e eu tinha um sério problema com a palavrinha "não". Era uma criança que gostava de ter contato com a natureza, de brincar ao ar livre, e que dava muito trabalho para comer. Mas, mesmo assim, com o corpo bem formado e estruturado, desde os meus dez anos, que para mim era algo normal... Mas, infelizmente, isso chamou a atenção de um ser humano ferido e cheio de sentimentos ruins dentro do seu coração.

A pessoa me chamou para brincar de jogos dentro do quarto e, ao final, você consegue imaginar o que aconteceu? Confesso que foi o pior dia da minha vida, me senti a pior criança da face da terra e até então não entendia bem o que tinha acontecido. Sentia-me suja, culpada pelo ocorrido, e me questionava muitas vezes:

Por que isso aconteceu comigo?

Aquela criança feliz e extrovertida mudou completamente, passou a ser amarga, só vivia doente, com insônia, com muito medo de ficar só e no escuro. Infelizmente, não teve coragem de contar para ninguém. Lamentavelmente, esse pesadelo ainda se repetiu por mais duas vezes, o meu sentimento de culpa aumentava de forma exponencial, misturado com raiva, ódio, rancor, mágoa.

Aos meus nove anos, as pessoas perguntavam o que eu queria ser quando crescesse, e eu falava "médica". Mas, depois do ocorrido, eu só pensava em como poderia fazer justiça no futuro. Costumava ser uma criança supervaidosa, mas perdi essa característica, com medo de ser alvo para mais um criminoso.

O tempo passava, o desejo por vingança aumentava, e os sentimentos de culpa, raiva, ódio e rancor ficavam mais latentes. Me tornar delegada para prender bandido passou a ser o meu alvo profissional. Isso passou a ser uma verdade na minha vida, bem como a insônia, a baixa autoestima, o medo, a angústia, a ansiedade, a culpa e o rótulo de menina "complicadinha e esquisitinha".

Fechei-me no meu casulo, e me achava uma pobre coitadinha, digna de nada. Havia sido educada por uma família bastante católica, e a religiosidade me levava a pensar que essa era a cruz que tinha que carregar sozinha.

Aos dezessete anos, passei no vestibular para a faculdade de direito, e começou outro ciclo em minha vida. Concluí a faculdade em cinco anos, mas a empolgação com que havia iniciado ficara pelo meio do percurso; no quinto semestre, quis desistir, e então meus pais conversaram comigo e pediram para que terminasse. Segui adiante, tornei-me advogada aos 22 anos. Os dezoito anos de advocacia que exerci, não fiz por vocação, mas, sim, no intuito de fazer justiça.

No decorrer do curso, estudando o instituto da prescrição, soube que não poderia mais exercer a justiça que tanto desejava. Passei a me identificar com direito do consumidor, e tive oportunidade de ser estagiária, conciliadora e coordenadora de um órgão de defesa do consumidor do Ceará, bem como de um escritório de advocacia.

Paralelo a isso, tive acompanhamento com psiquiatras e psicólogas, que prescreveram remédios para depressão, transtorno de ansiedade e síndrome do pânico, fibromialgia... Mas, na verdade, o meu sofrimento vinha de um verdadeiro vazio existencial, um misto de sentimentos, de culpa, de medo, de raiva, de mágoa, de injustiça e falta de propósito na vida afetiva (gritante sentimento de rejeição e de não merecimento).

Acabei canalizando a energia que restava para o trabalho, e me tornei professora do curso de direito, no qual tive oportunidade de ministrar diversas disciplinas. Confesso que gosto muito de ensinar, mas nem tudo são flores e, infelizmente, estamos no período crítico da desvalorização do ensino superior, grades curriculares defasadas, mercado de trabalho bem competitivo e exigente em relação ao que é lecionado nas faculdades. Tive oportunidade de lecionar em algumas faculdades, fazer especialização, mestrado, passei a investir na área educacional, compartilhando meus conhecimentos com os demais.

Carregava comigo as crenças de que "os homens não prestam", "case primeiro com sua independência financeira", visão totalmente deturpada acerca do amor. Para mim, o amor era frio, doloroso, sofrido e jamais haveria a possibilidade de cumprir um dos mandamentos bíblicos: *"ama ao teu próximo como a ti mesmo."* Porque não me achava digna de ser amada. Vivia numa carência absurda!

Terminei um noivado porque o cara era muito gentil, me dava orquídeas todos os meses, e isso me incomodava profundamente. Apesar de ter a vida profissional bem estabelecida, a vida afetiva continuava destruída. Um vazio existencial sem fim.

Em junho de 2013, comecei a passar mal, muita oscilação de humor. Após orientação médica, fiz o exame de ultrassom, e a médica que realizou o exame informou que estava com dois nódulos na tireoide. Feita a biopsia e, "infelizmente" ou "felizmente", o resultado foi de carcinoma papilífero.

Confesso que, no primeiro momento, o mundo despencou sobre minha cabeça, e pensei de imediato: "vou morrer!". Hoje, tenho certeza de que o meu processo de cura dos traumas emocionais da infância se iniciou exatamente nesse período. Aquela coitadinha, pobrezinha, conseguiu, à época, uma força interior inexplicável, mesmo com as crenças que carregava e de seu nível de consciência.

> Passei a buscar solução para meu problema de forma objetiva e clara, e em nenhum momento encarei a doença como mais um sofrimento. Bani o "por que eu?" da minha vida. Consegui enxergar a aparente dificuldade como uma chance divina de transformar a minha vida em algo leve, simples e possível.

Passei a aceitar a doença como um presente para me tornar um ser humano melhor para mim mesma, e a todo instante já me visualizava operada e curada. De fato, foi o que me aconteceu: a partir da data do diagnóstico até a cirurgia, passaram-se 27 dias. Com dezenove dias de pós-cirúrgico já voltei a ministrar aulas; minha voz estava igualzinha à do Pato Donald.

Posteriormente, passei a desenvolver trabalho voluntário e atender de forma assistencialista em abrigos de crianças com câncer, crianças abandonadas, idosos e de meninas abusadas sexualmente e, juntamente com meus alunos, criamos o projeto Dias Melhores.

Promovia palestras e, em contrapartida, arrecadávamos alimentos, brinquedos, fraldas geriátricas etc. Enfim, vivenciei experiências incríveis, passei a amar e me sentir amada por pessoas que eu nem conhecia. Durante quase três anos, preferencialmente aos domingos, realizávamos visitas nas instituições. Confesso que meus domingos, antes entediantes, passaram a ser maravilhosos. Mas...

Eu estava ainda muito focada nos outros, dedicação exclusiva ao próximo e, mais uma vez, havia fugido de mim mesma. Quando me encontrava sozinha, parecia que tudo vinha à tona novamente. Sabe quando vamos lavar uma frigideira com gordura e a sujeira toda vem para superfície? Assim era com os meus sentimentos, uma rigidez absurda, e o perdão era algo que não fazia parte da minha vida.

Nesse período, já tinha tido vários namorados, dois noivados, e nunca tempo para refletir: "Por que sempre tenho que terminar os relacionamentos? Por que não me acho digna de ter alguém? Por que tenho tanto medo de ficar só? Por que não me amo?".

Terminava um relacionamento e já engatava em outro, mas estava sempre focada no trabalho, autoconhecimento era algo muito distante da minha vida emocionalmente destruída; tomava diversos psicotrópicos, tinha crises de ansiedades, pânico, depressão, e fazia questão de ir até ao extremo emocionalmente, como se fosse autopunição. Não tinha coragem de dizer *não* para ninguém, e, como queria fugir da minha vida, passava a viver a vida dos outros.

Assim ia tocando a vida, com muitas dores no corpo e na alma, nem um pouco disposta a olhar para dentro e trabalhar minhas feridas; demonstrava que conseguiria sozinha, que não precisava de homem nenhum, porém, me atrapalhava o senso de autocriticidade imenso, passava o dia me criticando por tudo o que dava errado; todo tempo com chicote na mão.

Concomitante a isso, continuava fazendo os trabalhos voluntários com crianças. Sempre fui alucinada por elas e dizia "não sei se nasci para me casar, mas quero ser mãe". Então, em 2014, aflorou um instinto materno e, ao mesmo, tempo um medo indescritível em mim.

O tempo foi passando, as feridas emocionais ainda sangrando. Mas, em 2015, resolvi casar-me no civil, e, no mesmo ano, engravidei. Tive uma gravidez normal até o quarto mês, mas no quinto tive que ficar em repouso absoluto, sentindo muitas contrações e dores. Cada semana que o bebê permanecia na minha barriga era uma vitória. Em março de 2016, realizei o meu grande sonho: ser mãe de uma menina linda, Ana Isabel, que nasceu de sete meses. Ela havia me escolhido para cuidar dela.

Será que conseguiria dar conta, mesmo? Um ser tão frágil, dependente e puro! Como cuidar de outro, se não cuido nem de mim?

A maternidade ativou em mim a vontade de viver e de amar, mesmo enfrentando muitos medos e dúvidas. E eu era marinheira de primeira viagem, era tudo muito novo. Meus pais prestaram apoio incondicional. Questionei-me se esses traumas transgeracionais iriam se perpetuar.

O ano de 2020, em plena pandemia da covid-19, foi desbravador na minha vida, resolvi olhar para dentro de mim, me entreguei ao processo de autoconhecimento e assumi as rédeas da minha vida. Participei de várias formações: ativismo quântico, constelação familiar, bem como me tornei facilitadora e coach internacional do método da Louise Hay, inclusive para acessar o poder que estava dentro de mim e trabalhar esses traumas emocionais.

> Compreendi que a única saída para me libertar das travas do passado e curar as feridas emocionais era trabalhando o perdão e autoperdão.

Não se tratava de consentir com o que outro havia feito, se era certo ou errado; isso me deixava ainda mais vulnerável. Na realidade, meu maior agressor estava sendo eu mesma, ao não me desprender da dor, e preferir nutrir todos esses ressentimentos. Então, passei a olhar para mim mesma com mais compaixão, e a ingressar na jornada do perdão.

Assim, estou conseguindo ativar a maior energia, que é o amor, e me reconectar com minha criança interior, curar minhas feridas emocionais, ressignificar minhas crenças limitantes, expandir minha consciência em busca do verdadeiro propósito e da paz interior.

Portanto, entre a agressão, o agressor e o senso comum... sou mais eu, porque só eu posso ressignificar e mudar minha própria história.

CAPÍTULO 17

A FILA ANDA, O CICLO SE REPETE, E CABE A MIM PARAR

Soraya de Oliveira Guimarães Carvalho

"A gente nasce e morre só. E talvez por isso mesmo é que se precisa tanto de viver acompanhado."
—— Rachel de Queiroz ——

Sempre gostei de contos de fadas. Quando criança, assistia ininterruptamente aos filmes da Disney, em que o príncipe salvava a princesa, eles se apaixonavam e viviam felizes para sempre.

Na adolescência, gostava de ler romances e livros com histórias de amor — ainda hoje tenho inclinação por esse e outros gêneros de leitura, daí o motivo de ingressar no Clube de Livro. Cresci acreditando nessa ideia romântica do amor que tudo supera. Até que comecei a ter meus próprios relacionamentos amorosos.

Minha primeira relação mais séria tinha tudo para ser uma linda história de amor. Eu o conheci na escola, tive uma paixonite inocente, mas acabamos perdendo contato. Anos depois, nos reencontramos na faculdade, e a lembrança nos aproximou. Começamos a namorar, até alimentei a esperança de um final feliz, porém, a realidade bateu à porta. Não sei se o erro foi minha cegueira romântica em insistir que essa história chegasse até o fim — o primeiro e único amor —, e que me fez criar uma imagem irreal dele, ou se ele realmente não tinha mostrado suas reais cores desde o início. A verdade é que não vi os sinais de que o príncipe não passava de um mero sapo.

Ele tinha todas as qualidades de príncipe: bonito, decente, dedicado, inteligente e até abastado. Mas queria controlar tudo, inclusive a mim. Não admitia perder, nem ser diminuído por ninguém; vivia competindo comigo. E, quanto mais o tempo passava, mais ele queria decidir sozinho aonde íamos e as coisas que fazíamos. Acabei me deixando levar, fiz seus gostos, abandonei minhas amizades — eu sequer tinha tempo para elas.

Eu o amei, e por isso resolvi me entregar a ele. Na nossa primeira noite, estava, obviamente, bastante nervosa — ele, mais ainda, porém nunca admitiria. Tentei muito, mas não consegui relaxar. Resultado: ele começou a gritar "relaxe!", dizendo que não iria dar certo se eu não mantivesse a calma. Imagine só, a noite mais especial de uma mulher ocorreu sob gritos! Depois de algum tempo chorando no banheiro, resolvi conversar com ele e aconteceu.

Imediatamente depois — não pude nem digerir o fato que havia me tornado "mulher" — ele disse para irmos embora, pois tínhamos de acordar cedo para a faculdade no dia seguinte.

Mesmo desejando que ficássemos juntos eternamente, aos poucos, vi que grosseria não rega o amor. Lembro que me mandou calar a boca duas vezes, com todas as letras. Na primeira, estávamos na universidade e com pessoas no entorno, fiquei sem reação nem resposta. Já na segunda, para azar dele, estava começando a desgostar e lhe disse: "Quem é você para me mandar calar a boca? Nem minha mãe me diz isso!".

Mesmo depois de tê-lo deixado, ainda me senti triste. Pensei que nunca iria encontrar outro "príncipe", que eu estava "quebrada", e não tinha conserto.

> A falta de autoconfiança me perseguiu.

Daí, apareceu um belo cavaleiro, que me disse todas as coisas que eu queria ouvir. Tratou-me como a princesa que era, resgatou-me da minha torre de solidão. Nem lembrei do velho ditado "quando a esmola é demais, o santo desconfia", e lhe entreguei meu coração despedaçado.

De início, parecia um belo companheiro: levava-me para passear, oferecia-me sempre o melhor, cuidava de mim. Tanto que começou a me pôr numa redoma: nada, nem ninguém podia me tocar e, novamente, fui me distanciando do meu mundo e entrando no dele.

Ele teve a audácia de acusar minhas melhores amigas: quando lhe confidenciei que elas não o aprovavam e me aconselharam a deixá-lo, ele replicou que só faziam isso porque eram lésbicas e estavam apaixonadas por mim. Fui muito inocente ou cega, ou ambos!

De fora, se viam atitudes de um belo companheiro: certo dia, quando saí da escola onde eu dava aulas de inglês, ele estava me esperando, do lado de fora, segurando um lindo buquê de rosas. Na época, também achei seu gesto lindo, quem dera eu soubesse que estava cheio de segundas intenções... O objetivo oculto: ele queria ver se eu estava conversando com algum amigo de trabalho, se andava na companhia de outros homens.

Eis o episódio no qual liguei o "sensor de alerta": pus uma blusa de mangas compridas que mostrava um centímetro da minha barriga para ir à faculdade — como estudava pela manhã, e era universidade pública, quis usar algo mais casual. Quando ele me ligou e viu pela câmera que minha roupa deixava à mostra um pouco de pele, foi um terror! Mandou-me trocar de roupa, colocar algo mais pudico, disse que "mulher minha não pode sair vestida assim".

Daí em diante, notei que, em tudo o que ele fazia, estavam presentes o ciúme e o sentimento de posse. Questionava sobre com quem eu interagia, e sobre as roupas que vestia; queria controlar tudo o que fizesse. Quando me enviou rosas para o escritório onde estagiei pela segunda vez, ao invés de achar fofo, sabia que ele só queria demarcar território e mostrar aos outros "machos" que ele era meu "alfa".

Olhando para trás, o mais irônico foi saber que suas manipulações e acusações de que eu tinha outro homem eram pura hipocrisia: tempos depois, descobri que era ele quem tinha mais de uma companheira... Depois de deixar aquele ogro, novamente me vi sozinha, vulnerável.

> **Será que eu exibia ou exalava sentimentos ou comportamentos que atraíam oportunistas?**

Daí, em uma noite qualquer, ao sair com uma amiga, fui abordada por um belo rapaz. Ele parecia verdadeiro, animado, alguém com uma ótima conversa — como dizemos aqui no Ceará, "lábia". Não passamos muito tempo juntos nesse primeiro momento, mas marcamos de nos ver novamente. No segundo encontro, conversamos por horas, madrugada adentro. Nem sequer nos beijamos — eu assim o quis, para tentar sondar quais eram suas reais intenções.

Desejei que ele fosse diferente, sabia que tinha inúmeras imperfeições, e até parecia precisar de ajuda, mas senti uma vontade de salvá-lo, em vez de ser salva, para tentar quebrar com o ciclo de "conto de fadas". O que não percebi, de início, era que trazia comigo todos os traumas do passado. Em minhas tentativas frustradas de querer sempre um parceiro diferente do anterior, eu esquecia de desejar um relacionamento MELHOR.

Começamos a namorar, e eu comecei a me sentir forte e poderosa. Ele fazia as minhas vontades na maioria das vezes, estava sempre à disposição para mim, em todos os sentidos. Mostrava suas fragilidades e necessidades, e eu buscava supri-las, atendê-las. Como estava desempregado, fui lhe dando parte do meu salário para que ele pudesse comprar blusas novas para entrevistas, aos poucos auxiliando-o financeiramente. Uma mulher que paga as contas do homem, que controverso, bem *avant-garde*!

Ao tentar auxiliá-lo, achava que estava fazendo um benefício para ambos. O revés foi que, no lugar de tirá-lo da lama, ele conseguiu me puxar para lá com ele. Ele não tinha a menor intenção ou perspectiva de melhora, de fato, não queria sair do marasmo, de sua zona de conforto; enquanto isso, eu tinha de trabalhar dobrado para sustentar a nós dois. Pior: tive inclusive que financiar alguns caprichos de outros membros da sua família.

Dei um basta quando vi que me faltavam energias para tudo, quando notei que ele sequer tinha aspirações, só queria beber com os amigos e gastar o meu suado dinheiro.

Infelizmente, os padrões se repetiram: cada um desses três relacionamentos foi abusivo de alguma forma; cada vilão se pintando de mocinho, me domando física, emocional e até financeiramente, sugando minhas energias e esperanças em encontrar minha alma gêmea. Tudo porque eu assim permiti.

> **Enquanto não amei a mim mesma, não pude encontrar alguém que me amasse de verdade.**

Hoje, agradeço a Deus por não ter me casado — ou ter tido filhos — com nenhum deles.

Em um lapso de lucidez, optei por um ano sabático de relacionamentos: passei quase um ano com *status* de solteira o que, para mim, era muito tempo! Viajei, dancei, trabalhei, estudei, retomei minha faculdade de administração, curti as amigas e me curti. Fiz até curso de desenvolvimento pessoal, senti como se tivesse feito um detox, eliminado os traumas e marcas que esses relacionamentos deixaram.

Só depois de ter me renovado, saído do "casulo de borboleta", pensei estar pronta para um novo amor; mas, com uma diferença: ele teria de seguir uma lista escrita de requisitos, precisaria ter dez características para ser considerado como meu homem ideal, coisas reais e das quais eu não abriria mão.

Foi então que, em um baile de formatura, ao invés de esquadrinhar príncipes e no final descobrir sapos, resolvi olhar em outra direção: avistei um homem alto e belo trabalhando no bar. Tão respeitador, real e humano, parecia cumprir aqueles pré-requisitos. Quebrei meus paradigmas, não me iludi, decidi pensar com a cabeça e não com o coração. Só fui me envolver após obter a aprovação das pessoas que me amavam e me conheciam verdadeiramente (família e melhores amigos).

O melhor de tudo foi que não abri mão de quem eu era, não abandonei meu mundo para entrar no dele. Fomos entrelaçando e tecendo nossas histórias, construindo uma bela união, se doando e adaptando um ao outro, respeitando as vontades, os sonhos e as atitudes de cada um. Não havia projeções nem disfarces de nenhuma parte. Não é à toa que estamos juntos há doze anos.

Acho que um relacionamento afetivo deve ser assim, um apoiando o outro, somando e dividindo — não subtraindo. O amor verdadeiro me trouxe uma sensação de certeza, paz, tranquilidade, porto seguro.

> Hoje, posso dizer que transformei o "viveram felizes para sempre" em "viveram felizes na maior parte do tempo, até hoje..."

PARTE 4

Posso perder... Mas não me perco!

CAPÍTULO 18

PERDER NA LUTA CONTRA O LUTO, PARA GANHAR ESPAÇOS ETERNOS

Roberta Oliveira Castelo Branco

"Eu sempre serei eu e tu serás sempre tu. O que éramos antes um para o outro, o somos ainda."

—— **Santo Agostinho** ——

Quando se é criança e não se tem muito bem o discernimento da proporcionalidade das coisas, você acha que tudo é muito grande, a sua casa, a sua cama, o parquinho do colégio e até o seu sapato.

O teólogo e psicanalista Rubem Alves foi muito sábio, ao dizer que, quando você vai visitar algum lugar que muito amou, você vai pensando em encontrar o tempo, mas o tempo nunca mais estará lá. É como você retornar, depois de se tornar adulto, aos locais que foram importantes para você na infância. As coisas não eram tão grandes assim, você que era pequeno demais e acabava dando amplitude pela imaturidade dos seus pensamentos, sentimentos e sensações.

É assim quando se perde alguém muito amado. Você não sabe como lidar com os sentimentos. Você não sabe como reagir às preocupações e aos atos de cuidado. Além da dor, uma sensação de que todos à sua volta estão te observando, alertas para o que você precisar e, algumas vezes, julgando o que eles achavam que você deveria precisar e não demonstrou.

Os meus pais são divorciados há muitos anos. Eu e meus dois irmãos — um mais velho e outro mais novo —, após a separação dos meus pais, sempre moramos com a nossa mãe. No entanto, desde o ano passado, quando o mais velho se casou, ficamos apenas eu, minha mãe e meu irmão mais novo. A minha avó paterna, mesmo quando meu pai era casado com minha mãe, sempre morou com meu pai. Nós a chamávamos carinhosamente de Tó pois, quando éramos crianças, não sabíamos falar a palavra Vó e ela, que era supervaidosa e detestava se sentir velha, preferia ser chamada assim.

Sou advogada e, atualmente, coordeno uma equipe num grande escritório de advocacia no Brasil; minha equipe é dividida entre as cidades de Fortaleza, no Ceará, e São Luís, no Maranhão. Com a pandemia da covid-19, muitos escritórios passaram a aderir ao home office e assim permaneço até hoje; não estou presente fisicamente no escritório, exceto em dias de reunião.

Era uma tarde de quarta-feira, quando ouvi o meu irmão mais novo receber a ligação do meu pai, pedindo que ele fosse até a sua casa e, num tom angustiante, ele respondeu que iria. Imediatamente, larguei tudo o que estava fazendo e perguntei o que havia acontecido. "A casa do pai pegou fogo e a Tó faleceu", respondeu ele.

Como reagir a uma notícia dessas? Como dirigir até o local? Como pedir socorro quando é você quem tem que socorrer?

A minha avó era a coisa mais linda da vida. Tão alegre, tão positiva, tão carinhosa! E, mesmo não lembrando mais o meu nome, nem ao menos sabendo quem eu era, necessitando de ajuda para se alimentar e praticar qualquer mínimo esforço físico, devido à idade avançada e ao Alzheimer, eu queria a minha avó ali, perto de mim, viva!

A distância da minha casa para a casa do meu pai é de cerca de 6 km. Chegamos em menos de dez minutos, eu, minha mãe e meu irmão. A casa estava isolada. O corpo de bombeiros estava lá. Não foi autorizada a entrada dos familiares. Não havia mais nada a ser feito.

Houve um curto-circuito no ventilador e parte do quarto da Tó foi tomado pelo fogo. O meu pai, num ato de socorro, entrou no quarto dela e tentou puxá-la, mas não a encontrou em cima da cama, o colchão já havia afundado. O corpo de bombeiros passava pela rua no momento do ocorrido, e os vizinhos sinalizaram, pedindo socorro. O meu pai foi retirado do local e os bombeiros apagaram o fogo, mas a minha avó já estava sem vida. Tudo indica que ela tenha falecido pela inalação da fumaça, já que tudo ocorreu em fração de segundos.

Ou pelo menos é assim que prefiro acreditar.

A rua cheia de gente, a sirene da ambulância ligada, repórteres questionando o ocorrido. Tudo tão triste! O corpo da minha avó foi coberto e levado para a PEFOCE (Perícia Forense do Estado do Ceará). Acabou. Tudo estava ali, numa caixa. Sem qualquer dignidade ou tempo para a despedida. A minha avó, tão indefesa, se foi da pior maneira que alguém pode ir. Ela não merecia!

O que aconteceu entre o céu e a terra, que Deus se descuidou e esqueceu da minha avó? Se tudo tem um propósito, seria de propósito toda a minha revolta!

No dia seguinte, mesmo ainda anestesiada com tudo que acontecia, quando eu sentia o choque da morte e gritava de dentro do banheiro, fui amparada pela minha mãe, que me olhou e disse: "Só tem você pra resolver, você não pode desabar agora!". O meu pai era filho único, e os meus irmãos não sabiam como conduzir sozinhos os procedimentos junto à PEFOCE e à Delegacia, já que o falecimento não foi por morte natural.

O corpo da minha avó não seria liberado de imediato, por conta da *causa mortis*, seria necessário realizar teste de DNA para comprovar que o corpo realmente era dela, já que não é possível identificação a olho nu em corpos carbonizados. Para a surpresa de todos nós, o resultado do exame não tinha prazo para conclusão, podendo passar de trinta dias, não sendo possível, assim, a liberação de seu corpo para o sepultamento.

A sensação era de que eu estava abandonando a minha avó. Afinal, não tinha ninguém ao lado dela. Ela estava ali, esperando por mim, para que algo fosse resolvido. Não tive tempo para chorar, não queria chorar, só queria resolver e dar um velório digno para a minha avó. Eu queria poder me despedir.

No segundo dia, acompanhada por meu pai, minha madrasta, meu irmão mais velho e minha cunhada, me dirigi novamente à PEFOCE e, após ameaçar contatar a reportagem, os funcionários chamaram o diretor técnico, que foi quem nos ouviu e autorizou a liberação do corpo da minha avó.

Não fazia sentido aguardar o resultado do exame de DNA, sendo que este não comprovaria que o corpo era da minha avó. Que garantia tínhamos de que meu pai não era adotivo, e que isso era um segredo de família? Esse foi o argumento que utilizei. Após informar que ela tinha algumas fraturas em seu corpo, com a comprovação do exame de raio x o corpo dela foi liberado.

Tenho tentado fugir e abafar todos os meus sentimentos. Nem todos os conhecidos sabem que a minha avó faleceu, e tenho evitado todos eles. Não é fácil falar sobre o ocorrido, não era esse o sentimento que eu gostaria que as pessoas sentissem por ela, o de pena. Falar sobre sentimentos nunca foi o meu forte, e, talvez, seja por isso que não tenho mais conseguido rezar.

> Sinto que abrir-me seja parecido com gritar frente a uma plateia de surdos: eles até vão conseguir entender que algo está doendo, pela minha linguagem não verbal, mas não vão conseguir acessar o conteúdo, não existe voz que ecoe o grito da dor.

Nas semanas seguintes ao sepultamento de minha avó, eu só conseguia lembrar dela no auge da sua lucidez, e do quanto ela era alegre;

isso me deu muita vontade de viver, parecia que eu tinha pressa. Com menos de um mês saí e já planejava a próxima viagem, mas, quando a euforia passava, a tristeza vinha, juntamente com o sentimento de culpa. Todas as emoções estavam desorganizadas. Eu só queria me centralizar, tentar esquecer, de qualquer forma, o inesquecível.

> O luto é um período em que você volta à sua casa e percebe que, ao invés de ter crescido, você está menor ainda.

Não é como a saudade, que você tem que lidar apenas com a ausência. Sabe um balão de ar, que você solta e não sabe o rumo que ele vai tomar? Pois é, você simplesmente não consegue se inserir na realidade. Não posso nem dizer que é o reverso do que Rubem Alves falou, pois, não é que a casa tenha se tornado grande demais, é que ela está inteiramente vazia, mas com vários alarmes ligados.

Nesses poucos meses de perda, tenho preenchido muitos espaços na minha vida; estou trabalhando em mais dois novos projetos, fiz uma leve harmonização facial, além de duas novas tatuagens. O meu jeito de agir pode ter alguma explicação psicológica relacionada ao luto, ou ao modo como me sinto, mas foi uma das maneiras que encontrei de reencontrar a beleza e ocupar os espaços.

Tem uma flor que foi batizada com o nome de minha avó, e toda vez que ela desabrocha é motivo de felicidade. Eu a fiz feliz e amada. Não tem nada que apague isso e isso me basta!

Sussurro a sua canção favorita, pois, na memória mora a sua lembrança, e, no peito, a saudade não adormecida.

CAPÍTULO 19

ENTRE SUBTRAÇÕES E CÁLCULOS... EU

Nelyse Rosa Moraes Maia

> *"Amadurecer talvez seja descobrir que sofrer algumas perdas é inevitável, mas que não precisamos nos agarrar à dor para justificar nossa existência."*
> — **Marta Medeiros** —

Como um pedaço de papel de 32 cm pode trazer tanta alegria? Tudo parecia perfeito, a minha roupa, a minha maquiagem; minha família e a dos meus amigos estavam alegres; a noite estava mágica.

Chegou o dia da tão sonhada formatura da Nelyse Rosa Moraes Maia, ou Lys, como sou mais conhecida, a primeira mulher da família a se formar em engenharia de controle e automação, e talvez a última. Não porque ninguém se interesse em graduar, mas porque pareço ser a única a se interessar por ciências exatas. Afinal de contas, quem quer passar cinco anos estudando cálculos e mais cálculos?

Mas, quer saber de uma coisa? Eu amava aqueles cálculos enormes, por mais que isso talvez não me faça parecer um pessoal normal. Sempre brincamos no trabalho que, para trabalhar na indústria, a pessoa não pode ser totalmente normal. Talvez seja isso, aquele 1% de loucura que a maioria das pessoas tem (para os engenheiros eletricistas a porcentagem talvez seja uns 2% ou 3%).

Talvez, querido leitor, você não entenda sobre o que estou falando, ou talvez esteja pensando que estou falando grego, ao citar engenharia, cálculos, indústria. Por favor, tenha um pouco de paciência, prometo que vou me apresentar adequadamente ao longo do texto, e logo você entenderá.

Voltando ao início, aquela noite estava mágica, mas, apesar de toda aquela felicidade, havia uma pontinha de tristeza. Eu queria que ela estivesse presente nesse momento também. Na verdade, queria que ela estivesse presente em muitas ocasiões, das alegres às tristes, sem esquecer dos momentos de raiva, porque eles também fazem parte da vida. Você talvez esteja se perguntando a quem estou me referindo... Falo daquele ser humano maravilhoso com quem tive a oportunidade de conviver por dezesseis anos e tive a honra de chamar de mãe.

> **A minha mãe foi a peça do quebra-cabeça que faltou tantas vezes ao longo da minha vida, mas também foi o alicerce perfeito para eu ter me tornado quem sou.**

A notícia veio como uma bomba! Nos anos 2000, pouco se sabia sobre o câncer de mama, então, minha reação não foi das melhores. Eu cursava a oitava série quando a minha mãe descobriu que estava doente, e durante os dois anos seguintes, me tornei uma adulta no corpo de uma adolescente. Nunca chegava em casa tarde demais, não dava trabalho, fazia as compras do mês, pagava contas, descobria locais sozinha, coisas que parecem bobas, mas que meus amigos adolescentes não sabiam fazer.

Durante o processo, vi seus cabelos caírem, a vi criar um sutiã com enchimento para substituir a mama que havia sido retirada, a vi ter forças para aturar o meu pai, que, nesse tempo, bebia cada vez mais, vi minha mãe apoiar uma filha que queria casar, eu a vi consolar as pessoas que chegavam muito tristes, por vê-la doente; e em nenhum desses momentos, eu a vi questionar Deus por estar passando por isso, reclamar ou se tonar uma pessoa amarga.

Durante todo o tempo, eu a vi chorar apenas uma vez: quando houve um período em que a quimioterapia foi suspensa por falta de insumos. Ela chorou tanto, e eu chorei abraçada com ela no quarto... Depois de um tempo, ela se acalmou, enxugou as minhas lágrimas e as delas, e disse que tudo estava nas mãos de Deus.

Assim, a vida seguiu, e depois disso passei a fazer mais brincadeiras em casa, queria que ela se divertisse comigo. Não estou dizendo que fui a filha perfeita, claro que não, eu era apenas uma adolescente tentando lidar com as emoções do próprio crescimento, e com as emoções de uma doença intrusa, que mudaria para sempre o rumo de todos.

Queria poder dizer que ela lutou até o fim como uma heroína, mas, quem luta contra seu próprio corpo, quando ele se transforma em células mutantes? Na verdade, ela só foi piorando cada vez mais, até que foi internada.

Foi um período bem complicado. A minha irmã dormia com ela, durante o dia ficava algum parente ou conhecido, sempre serei grata às irmãs da igreja pelo apoio. Às vezes, quando ninguém estava disponível, eu ia. Pegava o ônibus na escola, e descia na parada em frente ao hospital.

Nas noites em que dormia no hospital, com ela, tentava sempre passar muita alegria, pois sabia que, por mais que não deixasse transparecer, ela sofria. E fazê-la ver o meu sofrimento seria um fardo a mais para carregar. Eu ria, fazia rir, conhecia os outros pacientes, fazia exercícios, palavras cruzadas e lia, lia muito, enquanto ela dormia. Apenas a despertava nos momentos de tomar as medicações.

Nós conversávamos, eu contava sobre meu dia, não que tivesse algo espetacular a contar, mas percebi que ela não queria perder nada do que se passava comigo. Quando partia algum paciente que dividia o quarto com ela, ou que estivesse em alguma acomodação vizinha, era sempre um momento muito sombrio e triste; todos ficavam em silêncio, ouvia-se apenas a dor de quem ficara. Talvez o silêncio fosse um questionamento interno, *quando será a minha vez?*, ou mesmo, *não estou pronta para que isso aconteça comigo.* Nesses momentos, ia aonde estava o familiar e o confortava com um abraço, não falava nada, porque, nesses momentos, não há palavras a serem ditas.

Certa noite, quando cheguei ao hospital, a enfermeira informou que o médico queria conversar com o responsável pela Maria. Ao me ver, ele perguntou se eu ficaria naquela noite, e qual era a minha idade. Com minha resposta, ele comentou que já era uma idade em que eu entenderia. Na verdade, sendo sincera comigo mesma e com ele, eu não entendia nada; e acredito que, até hoje, há muitas lacunas a serem preenchidas.

Foi como se o chão tivesse fugido dos meus pés. Minha mãe não respondia mais ao tratamento, então apenas tomaria os remédios para dor, dali em diante ela ficaria cada vez mais acordada, uma vez que não administrariam mais as medicações contra o câncer.

Depois disso, foi tudo como borrão, liguei para minha irmã, e, aos prantos, repeti as palavras do médico; ela também se desesperou, mas me fez acalmar porque, a qualquer hora, mamãe poderia acordar. Eu queria que tudo fosse só um pesadelo muito ruim, mas não era, era a minha vida, me dando a primeira rasteira. Pedi forças a Deus naquela noite para não surtar e não transparecer a dor que rasgava a minha alma. Olhar para aquela doce mulher, que me trouxe ao mundo, e saber que, em algum momento, ela partiria... Parecia mentira, uma brincadeira de mau gosto.

Aquela foi a última noite em que dormi no hospital, pois, nas semanas seguintes, ela só piorou, e eu não tinha forças para lidar. Eu parecia um espirro de gente, de tão magra.

Queria dizer a você, querido leitor, que, depois daquela noite, a vida esperou eu me recompor para depois seguir, mas não...

> A vida não estaciona para você juntar seus cacos. Ela te quebra, mas não espera você sarar para retomar o ritmo.

Então, nos dias que se passaram, não faltei a nenhuma aula, pois esse era o seu desejo. Um dia, cheguei da escola, e a minha avó disse que minha irmã havia ligado do hospital. Minha mãe havia piorado. Lembro de ainda estar fardada, de deitar-me na sua cama e chorar. Sabia que não deveria chorar na frente da minha avó, mas, naquele momento, as lágrimas precisavam escapar.

Quando entrei naquele quarto de hospital, aquela não parecia ser a mulher que eu conhecia. Estava tão mais magra, não falava e nem andava, e só fazia uma semana desde a última vez que a tinha visto.

Naquela tarde, fui com uma blusa que ela mesma tinha feito e bordado — desculpe-me por ser tão relapsa, esqueci de contar que ela era costureira, e foi a melhor que eu conheci. Por incrível que pareça, nunca aprendi a costurar; ela me colocava em frente à máquina de costura, eu ia para um lado e a máquina para o outro, era uma coisa horrorosa de ver, mas aprendi outras artes, o crochê, o vagonite e o ponto cruz, embora não os utilize mais hoje em dia. No entanto, o artesanato ainda faz parte da minha vida, nas horas vagas não tão vagas assim, passo horas caseando meus trabalhos em feltros, enfeites para maternidades, bonecos, chaveiros... é um momento gostoso. Acho que aprendi a gostar com ela, afinal de contas, dizem por aí que parecemos muito com nossos pais, embora às vezes achemos que não.

Ao ver a blusa com que eu estava vestida, ela acariciava o tecido, o bordado... Entendi que aquela era nossa despedida, nosso último momento juntas. Pensei em dizer tantas coisas, embora as lágrimas estivessem presas na garganta. Eu queria que ela estivesse em paz, então disse que ficaríamos bem, que estava tudo certo, e que ela podia descansar. Fui a última visitante a sair daquele quarto, fiquei segurando suas mãos por horas, beijando sua cabeça e enxugando suas lágrimas. Ao sair daquele hospital, tive a certeza de que nunca mais teríamos outro momento juntas.

Naquela mesma noite ela partiu.

Queria poder dizer que estava preparada, mas, quando veio a notícia, fui levada por um torpor tão grande, que parecia que só o que existia no mundo, naquele momento, era dor.

Pouco posso contar dos momentos que se passaram a seguir, não porque quero esconder os detalhes, mas porque as lembranças que tenho parecem borrões, só me lembro mesmo da dor, ah... a dor eu descreveria com precisão a você, mas não é esse meu intuito.

Lembro-me da igreja cheia, de pessoas me abraçando, lembro-me vagamente do enterro, lembro-me de passar os próximos dias sem derramar lágrimas, e de ficar chateada com Deus. Isso mesmo, fiquei chateada com Deus, porque ele tinha levado minha mãe.

Mas, todas as vezes que dizia isso para Deus, pedia desculpas se o tivesse ofendido. Até hoje peço. E, antes que você pense que estou ficando louca, eu admito que tenho mania de conversar com Deus como se estivesse conversando com qualquer pessoa. E, mesmo sendo tão nova, nessas conversas eu pedia para ele me dar a direção, porque não tinha ideia de como seriam as coisas dali em diante.

O fato é que a vida segue... E, quando você pensa que, enfim, estava se equilibrando de novo, ela vem e te dá outra rasteira, tão cruel quanto a primeira. Pouco mais de um ano depois, a minha avó também faleceu; era o meu segundo alicerce sendo retirado. Então, vieram as crises de ansiedade, a incerteza sobre o futuro, a solidão e a autorresponsabilidade.

A partir daquele momento, não haveria ninguém para dizer o que fazer ou não fazer. Minha casa passou a ser uma república, como sempre gostei de dizer. A moradora mais velha tinha 23 anos, e eu tentava me encaixar naquela nova realidade, mas as crises sempre aconteciam, principalmente quando estava sozinha, já que na frente dos outros não gostava de demonstrar nada. As risadas, antes abundantes, deram vez aos silêncios. Nos momentos em que estava sozinha, um filme passava na minha mente, e o desespero vinha.

Com o tempo, as crises começaram a aparecer, mesmo em frente aos meus irmãos, de quem eu tanto queria esconder. Cada um viveu o luto à sua maneira, fazendo aquilo que parecia ser mais acertado. O que me ajudou a sair daquele momento pode ter sido a mudança de ares, ou talvez tenha sido o meu pedido desesperado a Deus de que nunca me abandonasse.

Por esse tempo, eu estava quase terminando o ensino médio. Uma prima passaria por uma cirurgia e precisava de alguém para lhe fazer companhia em casa; minha tia perguntou se eu poderia ir, até porque a intenção dela era me tirar do local que me trazia tantas lembranças, e, então, aceitei. Foi nesse meio tempo que surgiu o questionamento comum à toda pessoa no final da adolescência: *o que eu quero ser?* Honestamente, eu não sabia. Não tinha noção das minhas aptidões, então, conhecer o mundo da elétrica foi meio que vou tentar isso, vamos ver o que vai dar.

Como você pode notar, minhas expectativas eram abaixo de zero. Se alguém me dissesse "daqui há alguns anos você estará formada, com carreira sólida, imóvel próprio, terá a experiência de viver um intercâmbio no país que você sempre quis conhecer, fazer parte de um clube de mulheres intelectualmente ativas, por convite de uma amiga que conheceu nesse intercâmbio, irá escrever um livro, influenciar outras mulheres"... eu, com toda certeza, responderia que a pessoa estava louca, e que não estava falando sobre mim, afinal de contas, eu era apenas uma jovem que só sabia o que eram perdas.

Ainda lembro do meu primeiro dia no tão desconhecido curso de eletrotécnica. Com certeza é um momento engraçado de lembrar.

Cheguei por volta das 19h, pois o curso era noturno. A sala estava cheia, me sentei na primeira cadeira que vi. A Nelyse daquela época era muito tímida, mas também muito observadora. A sala contava com mais ou menos trinta pessoas, entre elas, cinco meninas, contando comigo; achei pouco, mas pensei que fosse devido ao horário. Uns dez minutos depois, o professor entrou, escreveu o nome no quadro, mal deu uma saudação à turma, e começou a escrever no quadro uma aula de física do terceiro ano. Eu olhei assustada ao redor enquanto todos copiavam e disse para mim mesma, "o que eu estou fazendo aqui?"

Querido leitor, essa primeira experiência fez parecer que havia feito uma péssima escolha e que não daria resultado. No entanto, posso dizer a você que, se voltasse no tempo, ainda entraria naquela sala. A menina, antes tão tímida, agora se sobressaía um pouco mais. Tinha um punhado de amigos e cabos elétricos para cortar, e rapidamente fazer circuitos se tornou a hora mais esperada do dia. Talvez você não entenda o motivo pelo qual alguém goste de elétrica, mas, para mim, era uma forma de ter controle sobre algo, de conseguir resolver um problema a partir das minhas próprias mãos. Eu podia ligar e desligar o circuito quando quisesse, calcular exatamente a resistência que queria para cada um deles.

Admito, sem vergonha alguma: era o controle que, muitas vezes, eu quis ter na minha vida, para que as coisas tivessem acontecido exatamente como desejei. Talvez você pense que sou desajustada ou perturbada, mas foi assim que me encontrei, comecei a perceber que poderia, sim, dar certo, que poderia conquistar algo, mesmo que fosse pequeno.

> Posso conviver com a dor, apenas devo me tornar mais forte do que ela. Se um circuito está com defeito, estudo e descubro o erro para fazer funcionar, e, se preciso for, faço novas conexões, e a energia renasce.

Quando conheci a hidrelétrica do rio São Francisco, que foi a primeira viagem que fiz a outro Estado, no dia do meu aniversário, foi como se, depois de tantas tristezas, Deus estivesse me presenteando e dissesse "eu quero que você comece a viver, quero que todos vejam esse sorriso lindo que tive a honra de pôr em seus lábios".

Ao conhecer todo o processo de funcionamento da hidrelétrica, me maravilhar com o tamanho das turbinas, a forma como a energia era controlada, sentir o campo magnético percorrer o meu corpo, eu tive certeza de que era esse o caminho que queria seguir, só precisava trazer para a minha vida o princípio básico de uma usina hidrelétrica: usar a força de uma queda d'água para gerar energia. No meu caso, só precisava usar a força das minhas quedas para gerar energia e chegar aonde eu quisesse.

Mas não pense você que, após ter esse *insight*, as coisas foram mais fáceis, que tracei um caminho reto para chegar a ser a profissional que sou hoje, com uma carreira solidificada a ponto de tomar decisão de mudar de uma empresa para outra. Claro que não. Todavia, a oportunidade do primeiro emprego em uma mineradora me fez descobrir que nós, mulheres, podemos fazer o que quisermos onde estivermos, que podemos ser as melhores líderes, as melhores eletricistas ou mecânicas.

Muitas vezes eu quis desistir, perguntei-me se esse ambiente tão masculino era mesmo o caminho certo para mim... No entanto, as experiências me fizeram ficar. Aprendi a liderar com respeito, ensinar o próximo com amor, conquistei respeito de homens que nunca tinham trabalhado com mulheres antes. Entretanto, como nem tudo são flores, também percebi a minha covardia para mediar conflitos, me descobri muitas vezes zangada e impulsiva, insegura acerca do meu potencial. Mas me considero um livro em branco, a cada dia escrevo um capítulo novo de aprendizado.

Às vezes, a perda é inevitável, mas, durante o processo de cura, você percebe que cada dia é um ganho, que, a cada pequena conquista significativa, você se reergue um pouco mais, se encontra com o seu verdadeiro eu perdido há um tempo.

Inclusive, o processo de cura pode estar em pequenos atos, como doar brinquedos! Nas vezes que doei, pude sentir a alegria genuína das crianças; é algo que julgamos tão simples, mas que de fato torna nossos dias melhores.

Talvez o conforto para a perda seja agradecer a Deus e à vida pelos pequenos detalhes, e pelos doces momentos vividos com quem tivemos a honra de conviver, e amar.

Com isso, querido leitor, espero ter me apresentado adequadamente, pois foi um prazer me escrever para você.

CAPÍTULO 20

EU ME PERDI, MAS ME ACHEI QUANDO TRANSCENDI

Ana Paula Pires Lázaro

*"Um dia uma folha me bateu nos cílios.
Achei Deus de uma grande delicadeza."*
—— **Clarice Lispector** ——

Permita que me apresente: me chamo Ana Paula, e muitos me conhecem como Aninha, porém, as pessoas mais importantes da minha vida me chamam apenas de mãe.

Sou natural do Rio de Janeiro, moro em Fortaleza e tenho um casal de filhos lindos, o mais velho chama-se João Pedro, e a caçula, Maria Luiza. Eles são presentes de Deus em minha vida e me permitem viver diariamente as alegrias e os desafios da maternidade.

Do ponto de vista profissional, sou médica endocrinologista e, atualmente, dedico parte do meu tempo para atividades de ensino em uma universidade de Fortaleza, e atendo pacientes ambulatoriais do Sistema Único de Saúde (SUS).

Meus pais são pessoas humildes e com pouco estudo, fato que me motivou a buscar o sucesso na minha carreira profissional. Sabia que teria que dedicar muitas horas e me esforçar muito para alcançar meu objetivo. Inclusive, ressalto que escrever este capítulo tem sido um desafio para mim, uma vez que estou mais acostumada com a escrita técnica.

A fim de conquistar sucesso na minha carreira profissional, foi necessário renunciar a alguns momentos de lazer e, infelizmente, também de convivência em família. Eu acreditava que, para alcançar meus objetivos acadêmicos, precisaria priorizar meus estudos e dedicar a maior parte do tempo e da energia de que dispunha para meu desenvolvimento profissional.

Essa escolha também significou ter que deixar de lado minha prática religiosa por algum tempo. Minha família é católica, e meu pai sempre foi um grande exemplo de liderança e pessoa de fé. Sempre valorizei a minha espiritualidade e acredito que ela seja fundamental para o meu bem-estar emocional e mental.

Hoje em dia, compreendo que passei um bom tempo da vida no piloto automático. Me prendi a uma rotina sobrecarregada de estudo e excesso de trabalho, dedicando pouco tempo para algumas práticas pessoais e atividades prazerosas.

Mas a vida não quis que eu continuasse assim...

Acredito que o ponto de partida para uma mudança em minha vida tenha sido o falecimento do meu pai.

Meu pai foi um imigrante português, que chegou ao Brasil ainda na adolescência. Mesmo sendo um homem de poucas palavras e sem nível superior, sua inteligência acima da média transparecia em discussões sobre os assuntos mais diversos. Embora eu tentasse, era impossível vencê-lo em qualquer debate, pois os seus argumentos eram embasados em experiência de vida. Sua marca registrada era a honestidade e o trabalho duro e, ao longo do tempo, essa dedicação incansável se traduziu em uma bela casa com um carro bacana na garagem.

No entanto, ele nunca quis gastar o dinheiro excedente. Seu sonho era construir uma aposentadoria tranquila e confortável, mas, infelizmente, esse sonho nunca se concretizou.

Uma de suas paixões era refletir sobre trechos da Bíblia. Eu olhava para a quantidade de páginas das sagradas escrituras, e não conseguia compreender como meu pai havia lido, mais de uma vez, tudo aquilo. Ele era um homem profundamente religioso, mas nunca nos forçou a frequentar a igreja. Em vez disso, optou por nos ensinar por meio de seus próprios atos e comportamentos, deixando-nos livres para escolher nosso próprio caminho. Hoje, reconheço que essa abordagem foi sábia, porque ele ensinava pelo exemplo.

> Valores não podem ser impostos, já que isso os tornaria sem sentido. A melhor maneira de transmitir lições sobre fé e amor é através do exemplo.

Em 2014, uma semana após a minha defesa de mestrado, meu pai adoeceu. Naquela época, eu estava inteiramente entregue aos estudos e ao trabalho, embora tivesse um bebê de apenas dois anos, e vivesse em uma cidade onde não contava com o apoio familiar para me auxiliar nas atribuições do dia a dia. Nessa equação desigual da escassez de tempo, quem mais sofria era meu filho, que passava o dia inteiro na creche.

Nesse período, meu pai foi diagnosticado com câncer metastático proveniente do intestino, e isso abalou profundamente a estrutura de toda a família. Logo ele, que sempre manteve alimentação saudável e praticava atividade física regularmente. Jamais poderíamos imaginar que seria acometido por essa doença.

Contudo, compreendemos que, mesmo se cuidando e se prevenindo, a genética pode ser implacável. Toda a minha família paterna apresenta histórico de câncer gastrointestinal, e meu pai, devido à sua rotina atribulada, não teve a oportunidade de fazer exames médicos preventivos.

A consulta com a oncologista nos atingiu em cheio. A sentença de apenas dois anos de vida restantes para meu pai foi devastadora, e eu simplesmente perdi o chão. Inclusive, minha fé, que já era frágil, foi sacudida até as bases.

Como poderia meu pai, que tanto se esforçou e economizou, não ter a chance de desfrutar sua velhice em paz e conforto? Sentia que isso era uma injustiça que não podia aceitar. Por algum tempo, minha família e eu ficamos perdidos, em negação, mas sabíamos que era preciso agir, pois não havia outra alternativa.

Durante os dois primeiros anos de tratamento, tudo transcorreu sem problemas. Ele passou por uma cirurgia e respondeu bem à quimioterapia. Entretanto, posteriormente, ocorreram algumas complicações que resultaram em momentos críticos e desanimadores. Apesar disso, posso afirmar que foi durante esse período que mais aprendemos.

Embora possa parecer clichê, foi nessa época que percebemos verdadeiramente o quão fugaz é a vida, e como tudo pode mudar de um momento para outro. Aprendemos a valorizar as pequenas coisas, especialmente o convívio familiar. Eu mesma percebi que estava sobrecarregada com trabalho e que precisava reavaliar minhas prioridades. Foi durante esta tempestade de emoções que decidi engravidar novamente.

A minha filha veio ao mundo em agosto de 2016 e, em abril de 2017, meu pai partiu. Naquele momento, ainda experimentava uma mistura de emoções: incertezas sobre como minha mãe lidaria com a perda, já que somos uma família pequena e eles eram muito próximos; e gratidão por todo o legado de sabedoria que ele nos deixou.

A forma como minha mãe enfrentou a perda do meu pai foi, de fato, extremamente intensa, resultando em um quadro de depressão que durou dois anos. O vínculo que os unia era verdadeiramente inspirador. Não há como negar que um amor assim entrelaça memórias que ecoam pela eternidade. Mal consigo imaginar o tamanho da saudade que ela ainda deve sentir...

Durante todo o processo de sua doença, o que mais me marcou foi a sua fé inabalável. Mesmo sentindo uma grande vontade de viver para desfrutar da aposentadoria e da chegada dos netos, meu pai estava ciente e sereno, sabendo que sua missão havia sido cumprida, e que sua jornada chegava ao fim. Em momento algum o vi questionando os desígnios de Deus ou esbravejando.

Sua partida foi tranquila e minha mãe esteve presente, o que nos proporcionou um pouco mais de conforto.

Pouco tempo após o falecimento do meu pai, decidi reduzir minha carga de trabalho e dedicar mais tempo aos meus filhos. Ter a coragem de deixar um emprego que eu adorava, mas que me consumia, foi uma prova de que havia realmente mudado.

Embora me sentisse mais madura, ainda não estava feliz e passei por alguns episódios de ansiedade. O grande problema é que não compreendia a importância do meu papel como mulher dentro da família e perante a sociedade. No fundo, no fundo, ainda me sentia perdida e procurava respostas em livros, séries de TV e encontros com amigas.

Durante minha jornada em busca de autoconhecimento, tive a oportunidade de conhecer o Clube de Livro. Foi lá, durante as leituras e debates com outras mulheres, que tive algumas revelações importantes.

> **Compreendi que a busca pelo autoaperfeiçoamento é uma jornada comum a todos os seres humanos, e que ela é um processo contínuo e em constante evolução. Aprendi que somos seres únicos, com experiências e perspectivas diferentes, então, o que funciona para mim pode não ser o melhor para outra pessoa.**

Em 2022, experimentei uma verdadeira transformação, ao redescobrir minha fé católica, com a ajuda do exemplo e da lembrança do meu pai.

O estudo e a meditação diária do Evangelho me permitiram encontrar respostas, todas contidas nos ensinamentos de Jesus, para minhas perguntas mais profundas. Ao estudar a vida e as obras da Virgem Maria, aprendi qual é o meu papel como mãe e esposa. Enfim, percebi que o sentido da vida é muito mais transcendental do que imaginava.

Entendi que o nosso propósito deve ser servir aqueles que nos rodeiam. O sofrimento e as dificuldades são partes inevitáveis da vida e são necessários para que possamos crescer e nos tornar pessoas melhores.

Também percebi que nem todos estão aptos a dar bons conselhos. Durante a fase em que estava mais perdida, algumas pessoas me aconselharam a ser mais egoísta e a não investir tanto tempo na minha casa, marido ou filhos.

Essas pessoas compartilharam comigo suas experiências ruins em forma de conselhos. A verdade é que, quando estamos perdidos, realmente ficamos mais vulneráveis e, às vezes, é difícil discernir entre bons e maus conselhos. Às vezes, sem perceber, tomamos decisões importantes influenciados pela opinião alheia.

> Tenho modificado a maneira de me relacionar com as outras pessoas, proporcionando-lhes mais espaço para a escuta e reflexão, em vez de emitir opiniões que possam acarretar profundas consequências em suas vidas.

Somos seres imperfeitos e em constante construção. Sabemos que amadurecer não é fácil. Posso afirmar que um momento de tristeza em minha vida foi a melhor oportunidade que tive para evoluir e me reinventar.

Hoje, apesar de ainda experimentar uma intensa inquietude e um poderoso desejo de prosseguir nesta jornada de aprimoramento pessoal, confesso que sinto uma sensação muito mais profunda de paz interior e realização.

Por fim, espero que todos aqueles que me lerem possam refletir e encontrar respostas para sua própria vida.

CAPÍTULO 21

QUANDO QUEM PARTIU SE CONFUNDE COM QUEM FICOU

Tatiana Martins Pereira

*"Acredito que existam fases, ciclos, começos, recomeços.
E acho que estou bem no meio de um deles."*
— **Clarissa Corrêa** —

Sou Tatiana Martins Pereira. Nasci em Fortaleza, e sou graduada em administração de empresas. Atualmente, trabalho em um banco da minha cidade no setor de Fundos de Investimento. Meus *hobbies* são: viajar para conhecer novas culturas; ler sobre diversos temas, para alimentar meu capital humano; e praticar esportes, o que para mim significa qualidade de vida: já fiz ballet clássico, yoga e muay thai. Hoje, priorizo uma boa caminhada e musculação para relaxar o estresse do dia a dia, além de apreciar arte nos meus momentos de lazer.

Sempre tive o sonho de ser uma escritora. Quando ingressei no Clube de Livro, já havia sido lançada a primeira coletânea, e me identifiquei com o espaço, porque é um clube de mulheres intelectualmente ativas, que leem um livro por mês e se encontram para compartilhar ensinamentos inspirados pela leitura.

Acredito que uma boa leitura seja uma espécie de terapia para nossa mente, desperta-nos a sabedoria, engrandecendo a alma e impulsionando sonhos.

Mas nossas histórias não são compostas apenas de paisagens agradáveis e belas.

Todos nós passamos por um momento atípico, jamais esperado, que foi a pandemia da covid-19; um período de reclusão no qual muitas famílias foram marcadas pela perda de seus entes queridos. Na minha família, meu pai não resistiu às sequelas da doença; apesar de ser muito bem assistido pelos médicos que o acompanhavam, seu coração não suportou, teve uma parada cardíaca. Oramos muito em família por sua recuperação, tínhamos hora marcada para receber notícias do hospital acerca da evolução da doença. Foram 45 dias de internação, mas, infelizmente, papai não sobreviveu.

Logo após a morte dele, meu tio foi internado, e, quinze dias depois, também veio a óbito. No começo, foi bem difícil aceitar, procurei ajuda psicológica de um amigo. Fiquei sabendo que o luto tem comumente cinco fases, e que teria que ser paciente comigo mesma para superar cada uma delas.

A primeira fase do luto foi de negação e isolamento. Queria ficar quietinha no meu canto, e confesso que minha fé estava muito abalada; não queria aceitar toda a situação.

A segunda fase foi a raiva. Queria colocar a culpa em mim, *porque não eu?*, me questionava; comecei a ter muita raiva de mim, me culpando por ter contraído o vírus e passado para meu pai. Foi um momento bem delicado.

A terceira fase foi de negociação. Nesse período fiquei procurando motivos para reverter uma situação irreversível.

A quarta fase, a depressão, trouxe uma tristeza profunda, uma falta de fé instalada, não orava mais como antes, não lia mais a Bíblia, não fazia meu devocional diário, não escutava mais grandes pregadores que eram referência para mim.

A quinta fase foi a aceitação. Nesse momento, o isolamento já estava mais flexível, comecei a receber visitas de muitos amigos, que foram empáticos ao meu momento e ao da minha família. Voltei a sair de casa, porque, até então, vivíamos sob as restrições impostas pela pandemia. Resgatei da memória todos os momentos maravilhosos em família. Começou a se instalar no meu coração a saudade e a gratidão a Deus, por eu ter tido um pai presente, amigo das filhas, bom esposo e muito paciente com minha mãe.

A terceira perda da nossa família foi a da minha avó materna, a última dos avós a falecer, que morava conosco e tinha 104 anos quando veio a óbito. Era bem lúcida e independente até os 100 anos, depois que completou os 102, começou a perder aos poucos sua mobilidade, e a ter dificuldades para dormir; mas partiu como um passarinho, dormindo. A superação do luto em nossa família já passou para a quinta fase, a aceitação, porque acreditamos que chegou o momento certo da vovó descansar em paz.

Em um momento de reflexão, fiz um autoquestionamento: *como está minha vida sentimental?*

Me dei conta de que que já havia passado oito anos do meu último relacionamento duradouro e pensei *meu Deus, me enterrei viva, por que tanto tempo?*. Cheguei à conclusão de que se passaram muitos anos de hiato, e que eu não morri, que estava me confundindo com a saudade por quem partiu.

Chegou o tempo de recomeçar, resgatar sonhos que estavam enterrados, afinal, a vida é um espetáculo que não permite ensaio, mas podemos reeditar e escrever uma nova história sempre.

> O ciclo de vida se resume à superação, sabedoria e maturidade. Estamos em constante processo de aprendizado e evolução.

As uvas são esmagadas para se transformar em vinho, diamantes são formados sob pressão, sementes crescem na escuridão. Quando levamos isso em consideração, concluímos que, se estamos nos sentindo esmagados, no escuro ou mesmo sob pressão, estamos em um processo de transformação, rompendo nosso casulo e virando borboletas prontas para voar.

Como já afirmou Rubem Alves, "não haverá borboletas se a vida não passar por longas e silenciosas metamorfoses".

CAPÍTULO 22

ORFANDADE NA ADOLESCÊNCIA, QUANDO A SOLIDÃO SE TORNA REAL

Eloá Reginese da Silva Fonseca de Souza

> *"Permita que sua solidão seja bem aproveitada, que ela não seja inútil. Não a cultive como uma doença, e sim como uma circunstância."*
> — **Martha Medeiros** —

Estou aqui sentada em frente ao notebook, tentando colocar nessa folha em branco um pouco de mim... Como é difícil... Vou começar me apresentando. Sou graduada em pedagogia; psicopedagoga e mestranda em tecnologia na educação. Venho construindo um caminho com vivências adquiridas e me apropriando dos saberes ofertados por tantas pessoas que cruzaram meu caminho.

Trabalho hoje como consultora educacional de editoras e dou palestras. Meu trabalho me proporciona contato com muitas pessoas, e estar com elas me fortalece e me inspira a continuar. Tenho a oportunidade de tocá-las com a minha história e mostrar-lhes que, mesmo com dores, traumas, ilusões e desilusões, podemos encontrar um caminho de fé e esperança. Nessa caminhada, encontro pessoas que se tornaram amigas. Uma dessas amigas me apresentou o Clube de Livro.

Entrei por curiosidade, e passei a ver a sua importância no meu crescimento intelectual, nas trocas de experiências, no olhar de cada integrante em relação às obras lidas a cada encontro.

É impossível olhar para mim e não enxergar as pegadas que deixei, as lágrimas derramadas, as barreiras vencidas. Não posso deixar de olhar o passado. Relendo-o, me leio e vejo que criei muitas ilusões, verdades que não eram tão verdadeiras assim, mas que, naquele momento, eram a mais pura realidade para mim. Hoje, entendo que minha vida precisou ser como foi, senão, não estaria aqui.

Na minha infância, eu vivia uma vida cercada de amor e cuidado pela minha mãe. Minha mãe! Nossa! Como fui injusta com ela. Tão frágil e tão linda, cuidava de todos, mas esses "todos" não cuidavam dela... Eu estava inclusa nisso. Foi tão machucada por escolhas que nem sei se foram dela, como seu casamento. Meu pai, um senhor bem mais velho que ela, rico e respeitado por toda a cidade onde nasci, via nela o seu grande amor — palavras ditas por um de seus filhos mais velhos.

Irmãos? Será que de fato me viam como irmã? Acredito que, alguns deles, sim, outros, não. Mas, isso não me importava, pois tinha meu pai que me amava, minha mãe, meus tios e minha avó. Eu era filha caçula daquele homem forte, lindo e tão carinhoso comigo, mas que em muitos Natais não estava presente, estava lá na "casa grande", cumprindo seu papel de chefe patriarcal, em uma família que vivia de aparências.

Eu não pensava muito sobre isso, pois era mais fácil aceitar o que minha mãe trazia como desculpa para justificar a ausência dele... Como recompensa, quando o dia amanhecia, debaixo da árvore estavam todos os presentes que eu queria. Presentes para abafar a ausência.

Não nasci na família da casa grande. Nasci na outra, simples, mas cheia de amor e de cuidado, que abria um espaço para meu pai, pois todos o respeitavam e gostavam dele. Em ambas as famílias, tudo e todos estavam debaixo do olhar atento de um pai amoroso.

Trago em minha memória lembranças boas, felizes para mim, mais felizes que tristes, pois ainda não tinha maturidade para entender o que estava por trás de toda aquela história.

Comecei a ver meu pai adoecer, sempre reclamando do estômago, minha mãe dizia "vai ao médico" e ele respondia "não posso agora, mas depois eu vou". Mas, deixar para depois foi justamente o que lhe trouxe uma úlcera, e depois um câncer. Eu achava que tudo passaria, não queria acreditar que ele estava indo aos poucos; era doloroso pensar que meu castelo iria desmoronar, por isso, criava ilusões que só compreendo agora.

Minha mãe se mantinha firme, tentando ser forte para mim e para ela, mas, hoje, penso em como ela deve ter sofrido, quantas angústias e aflições, medos e incertezas sobre nosso futuro. Eu nem me dava conta de tudo isso.

Tinha treze anos quando acordei um dia para ir à escola, fui até a cama do papai e lhe dei um beijo e um abraço, pedi a benção e ele olhou para mim com um olhar profundo.

Quando voltei para casa, trazida às pressas, andei em direção à cama e vi seus olhos fechados, não queria acreditar na cena que estava na minha frente. Caí sobre ele em um choro desesperador, e comecei a gritar "não vai papai, o que vai ser de mim sem você?" e gritei ainda mais alto, com toda as minhas forças, sentia medo, uma dor desesperadora "como eu vou sobreviver sem ele?". Ele já não estava lá, já tinha ido embora.

No velório, além da família próxima, estavam várias pessoas curiosas que resmungavam pelos cantos. Era uma cidade pequena do interior de Minas Gerais, cheia de um falso moralismo, pessoas conservadoras que faziam de tudo para encobrir qualquer coisa que afetasse a moral e bons costumes da família tradicional.

Em uma noite, passados alguns dias da morte do pai, eu e minha mãe em casa, pois agora éramos só nos duas, assistíamos televisão deitadas no sofá, quando escutamos o barulho de um carro chegando em nossa porta.

Tocaram a campainha...

Para nossa surpresa, eram os três filhos mais velhos do meu pai, meus irmãos paternos. Minha mãe os convidou a entrar. Informaram sobre o que aconteceria nos próximos dias em relação aos meus direitos, e sobre ela não ter direito nenhum, afinal de contas, não tinha uma certidão de casamento. Minha mãe ouvia calada, como quem aceitava tudo que eles diziam; se via impotente e sem condições para fazer qualquer coisa. A conversa já se encaminhava para o final, quando um deles faz uma proposta para minha mãe: "Entregue a Eloá para nós, que iremos cuidar dela como o papai cuidava".

Nossa! Isso foi muito doloroso para ela, que se levantou e disse: "O que o seu pai me deixou foi ela e, o que eu comer, ela come; e, onde eu morar, ela mora". Uma leoa, mesmo que tão frágil. Eles se levantaram, olharam para mim e, voltando o olhar para minha mãe, disseram: "Então, não conte conosco".

Em busca de oportunidades de emprego e na esperança de uma vida melhor, ela tomou a decisão de se mudar para Goiás. Fomos morar por um tempo na casa de sua irmã, que nos acolheu e foi como uma segunda mãe para mim.

Logo minha mãe arrumou um trabalho, foi morar no local, e eu fiquei morando na casa da minha tia. Tinha noites em que chorava calada, com o rosto grudado na parede e o lençol na boca para abafar o pranto. Não tinha meu pai, minha mãe não estava mais por perto, não tinha mais meu quarto, nem minhas coisas; estava ali de favor. Não podia ficar com a minha mãe, pois ela era governanta de um homem rico e com dois filhos pequenos. Eu a via somente nas suas folgas.

A situação doía nela e em mim. Fui acumulando essa dor no meu peito, em minha alma e fingia que estava tudo bem, que era só por um tempo e que as coisas iriam melhorar, que a vida ainda ia mudar.

> A minha dor não foi tratada, a minha revolta por perder tudo não foi tratada, mas eu, em minha solidão, me mantinha sorrindo como se tudo estivesse bem. Cercada de pessoas, mas com uma solidão que doía até nos meus ossos.

Meus conflitos internos eram tantos que não consigo nem mensurar. Ficava ali, me enganado, achando que estava tudo certo, mas não estava. Lembranças doem, mas também curam.

Os meses e a vida foram passando, a ilusão de que tudo estava bem também passou e, nesse passar de tempo, minha mãe voltou estudar, terminou o segundo grau, como se falava naquela época, mudou de emprego. Enquanto isso, eu já ia completar quinze anos.

Nesse caminho da vida tem pessoas que entram para te ferir ou até mesmo para matar. Após alguns anos, cruzou minha vida uma pessoa que, com passar do tempo, me proporcionou tanta escuridão que, em alguns momentos, eu preferi a morte à vida, porque queria me livrar daquela dor terrível.

Então, tentei suicídio.

Não pensei no meu pequeno, que só tinha três anos; achava que, na minha ausência, cuidariam dele e que eu não faria falta. Só pensava em me livrar da dor. Tive dois filhos neste relacionamento. Reconheço que falhei muito com eles, principalmente com o mais velho, mas não sabia o que fazer ou para onde correr para escapar daquela dor.

Minha mãe partiu, e tudo ficou ainda mais escuro. Ela foi embora em um momento da vida que tudo finalmente melhorava para ela, havia passado em um concurso público, tinha conquistado seu espaço, estava tão linda… ela era linda! Teve uma enfermidade e foi levada por complicações de uma cirurgia.

Com sua morte, as coisas pioraram ainda mais. Ele, até então "o companheiro", chegou a me dizer que "se você se matar, ninguém se importaria", pois eu não tinha mais ninguém por mim. Em meio a isso tudo, houve um grande acontecimento em minha vida: tive um encontro com Deus. Não que não o conhecesse, fui criada em família católica, mas o conhecia de outra forma, e pude experimentar um novo nascimento.

Em meio à dor veio a esperança, aprendi a estar em oração e a crer no amanhã. Recebi uma força que, até então, desconhecia, a força do Deus do impossível.

Me mudei para outra casa, minha vizinha escutava meu choro, meu clamor e se compadeceu de mim. Me ofertou um emprego na sua escola. Meu Deus! Eu só tinha o ensino médio, mas ela acreditou em mim e me viu como uma professora. Me ensinou o que era necessário, e agarrei a oportunidade com unhas e dentes. Ela me incentivou a prestar vestibular, me ajudou a estudar e a confiar em mim, pois, até então, me achava incapaz. Episódios de violência psicológica têm o poder de nos anular e tirar de nós o amor-próprio e a autoconfiança.

Passei em quinto lugar no vestibular; todos comemoraram comigo, exceto a tal pessoa, que, na verdade, me agrediu e me ofendeu; mas, naquele momento, Jesus já estava me tratando e libertando... Eu renascia, me descobria, me profissionalizava e começava a conquistar meu espaço como educadora. Fui agarrando cada oportunidade, crescendo na escola, estudando cada vez mais, pedindo conselhos para as colegas de trabalho, vendo a atuação de algumas e retendo o que era bom.

> Em meio à tempestade, ia me fortalecendo, sozinha em mundo terreno, sem aqueles que eram meu porto seguro, mas agora não mais órfã, pois havia descoberto um novo Pai espiritual.

Minha caminhada continua, não que ela esteja mais fácil, mas hoje me encontro mais forte. Participei de um projeto cuja proposta era levar um dia de alegria para crianças de um assentamento. Aquilo me renovou e revigorou, me vi em cada uma delas, querendo o alimento que sustenta o corpo, mas também o alimento da alma, o carinho, o cuidado. Nessa experiência, alimentei a adolescente cheia de dor que habita em mim. Foi curativo!

Hoje, meus filhos se tornaram homens lindos, tenho netos ainda mais lindos, um novo lar, um esposo que me apoia e incentiva a continuar a estudar, a crescer na minha profissão, uma família com desafios, mas onde cuidamos uns dos outros.

Finalizo com uma citação de Gabriel Chalita: "Chorei a ausência das reações humanas daquele corpo sem vida. Chorei a orfandade incômoda, o adeus forçado, a separação. Choro hoje a impossibilidade dos afetos. É abstrata sua presença. É memória e esperança. Apenas isso".

Hoje, sinto que não estou só.

CAPÍTULO 23

CARTA A UMA IRMÃ... UM ESPELHO QUE REFLETE MESMO QUANDO QUEBRA

Isa Aguiar Martins Schmitt

"Dos meus fragmentos farei mosaico. Nunca mais serei caco."
— Rosana Alves —

Meu nome é Isa, mas me chamam de Isinha. Acho engraçado meu apelido ser maior do que meu nome, e o fato que não sou pequena para terem me atribuído o "inha". Tenho um corpo grande, que traz uma bagagem e tanto, e que hoje é cuidado com muito amor e respeito.

Sempre achei chique quem lia. Admirava ver as pessoas lendo em locais públicos, discutindo sobre os livros. Só que não conseguia dar continuidade a uma leitura; só lia sobre assuntos médicos e, convenhamos, não é nada legal viver integralmente do mesmo assunto.

Em 2019, em um período em que me sentia muito só, resolvi colocar a leitura como um hábito e, graças a Deus, ele ficou! Como é bom ler! E aí, uma amiga de trabalho postou nas redes sociais que fazia parte de um Grupo de Mulheres Intelectualmente Ativas. Logo pensei: que coisa chique! Quero participar também! Foi assim que, em 2023, passei a fazer parte do Clube de Livro.

Agora, através da leitura, e também da escrita, vim contar uma história para vocês... Uma história intensa, marcante e que foi extremamente importante para a Isa de hoje. Uma Isa que virou fragmentos, mas que construiu seu mosaico.

Já se passaram quinze anos desde que você se foi. Lembro bem daquele sábado de manhã, quando escutamos o telefonema sobre o acidente. Ninguém sabia de nada ainda. Estavam todos vivos? Estavam todos mortos?

Fomos para o hospital e, antes mesmo que soubéssemos da notícia, Deus mostrou os sinais. Seu filho de cinco anos, também acidentado, ainda sonolento depois do trauma craniano, com os dentinhos caindo e sangrando, foi te chamando com as mãozinhas, não te deixava ir embora. Mesmo assim, você estava partindo... Mas, por qual motivo, Deus? Tão jovem, apenas 25 anos!

Foi uma vida curta, mas bem aproveitada, não é mesmo?! Você namorou, farreou, morou fora do país, fez muitos amigos, cursou duas faculdades, se casou e teve um filho. Será que já estava tudo escrito? Talvez.

Você se preparava para a sua formatura, organizando a festa e se imaginando linda com seu vestido roxo. Que ironia do destino, te vimos vestida nele no seu caixão. Você não estava bonita, seu rosto era diferente e não existia mais o seu sorriso. Ah, que sorriso! Não tem como não lembrar de ti sem lembrar dele. Espontâneo, sincero e contagiante. Sorriso que agregava e aproximava.

A aula da saudade da sua turma mudou o tema, agora foi feita para você. Uma festa linda para celebrar o quanto você foi importante para todos nós, na tentativa de mostrar como estaria feliz se estivesse ali presente. Não tivemos coragem de ir. Às vezes, era melhor achar que você estava apenas viajando, e que algum dia chegaria, visto que seu espelho sempre refletirá, mesmo quando quebrado.

> Será que Deus estava contra nós? Éramos uma família ruim e "merecíamos" essa dor?

Foram necessários muitos anos para entender que Deus capacita os escolhidos e, por mais que nunca possamos entender de fato, tudo na vida tem um porquê. A perda foi necessária para a união? A dor foi necessária para novos encontros? Somos melhores profissionais depois de tudo? Será que teria que ocupar o seu lugar como filha?

Muitos "não" e "sim", ou "quem sabe, talvez" como resposta. O fato é que a vida continuou.

Achei que, para suprir a sua falta, teria que ser filha duas vezes. Teria que ser exatamente como você era... Não foi possível. Você é você e eu sou eu. Mas só fui entender isso quando a mamãe disse: "Um filho sem mãe é órfão, uma esposa sem marido é viúva, para uma mãe que perde um filho não tem descrição". O seu espaço, infelizmente, não será ocupado nunca mais.

Seu espelho e sua luz sempre refletirão, mesmo depois de quebrados.

Realizamos o seu sonho, construímos o seu tão esperado espaço multiprofissional: uma clínica com todas as especialidades de saúde, onde desejávamos que a nossa família trabalhasse unida e onde ajudaríamos muitas pessoas. Um espaço grande, belo e no lugar que você almejava, na casa da vovó, onde nossa mãe foi criada, onde a fé prevaleceu, e onde sempre fomos abençoados por Nossa Senhora de Fátima. Nesse local, vovó foi muito caridosa com todos, vovô foi muito ausente e o papai fez sua carreira como médico.

Quanta coisa mudou.

Muita experiência e aprendizado, mas também muita dificuldade e maldade. A ganância, a mentira e a injustiça, infelizmente, se fizeram presentes.

Aconteceu uma ruptura. Depois de anos de negação, falta de amor-próprio, medo e insegurança, a coragem veio e trouxe com ela transformação e autocompaixão.

Assim, o espaço tão sonhado por você, mas não tanto por mim, ganhou uma nova versão e ficou feio, sem sentido. Trouxe dívidas, decepções e questionamentos: "Darei conta de tudo isso? Por que estou vivendo tanta coisa?".

A vida surpreende. Deus fecha uma porta, mas abre outras e o caminho é tão bonito, sabia? E sabe o que é ainda melhor? Ele traz paz e pessoas do bem. Gente que agrega e faz tudo ter sentido novamente.

E aí, querida vida, a gente compreende tudo depois. Exatamente, tim-tim por tim-tim. Não no tempo que gostaríamos, mas no tempo necessário, com mais amadurecimento.

> Percebemos que nossos sonhos não envelhecem, se realizam. Nós nos reconstruímos.

A cortina do seu espetáculo fechou, mas o seu brilho refletirá sempre. Em contrapartida, meu brilho apareceu, eu cresci e venci. Gostaria que você tivesse aqui, para ter vivenciado tudo isso, exatamente assim como aconteceu nessa história. Refletindo sua luz, mesmo quando o espelho quebra.

PARTE 5

Mulherão rima com... Superação

CAPÍTULO 24

DIFÍCIL PARA MIM? POSSO SUPERAR DO MEU JEITO

Anayana de Carvalho Pinheiro

*"Seja a força que você está destinada a ser.
Viva como um ser pleno o tempo todo, até seus limites
mais distantes."*
—— Clarissa Pinkola Estés ——

Sempre achei que a vida fosse uma oportunidade para sorrir, ajudar pessoas, amar e se conhecer. Mas viver é também enfrentar desafios, resolver problemas, um atrás do outro. Isso tudo faz parte do mistério que é viver, porque a vida tem prazer em si mesma, porque viver é doar-se, é se reconhecer finito, é buscar incansavelmente a alegria de cada momento, é viver a dor quando ela chegar e aproveitar a alegria quando ela acontece.

> A vida não pede licença, ela simplesmente é.

Meu nome é Anayana, que vem de Ana, da Vó Ana, minha avó paterna. Ana duas vezes. E quem me dera ser forte como ela foi. Sempre explico a origem do meu nome porque as pessoas acham difícil, diferente ou complicado para memorizar, mas depois da explicação fica mais fácil.

Sou formada em nutrição, bacharel em direito e licenciada em ciências biológicas. Atuei como nutricionista por apenas dois anos. Nesse período, trabalhei em dois hospitais, onde tive a oportunidade de viver inúmeras experiências, conversar com meus pacientes, ouvir suas histórias, presenciar cenas difíceis de dor e sofrimento, testemunhar momentos de superação e ver sorrisos. Fui a gestora do serviço de nutrição, então conhecer e dar ouvidos aos meus subordinados sempre foi um dos pilares da minha forma de conduzir o setor.

Dar ouvidos às pessoas e conhecer suas histórias é um prazer para mim. Entendo que, dessa forma, posso aprender muito. Ao ouvi-las, posso perceber que a minha dor não é tão grande quanto me parece, ou posso me inspirar e buscar o meu melhor. Conversar com outras pessoas é, para mim, a forma mais simples, gratuita e rica de me gerenciar, me aprimorar. É uma espécie de manual vivo, porque, para mim, a vida tem manual sim, vem com perguntas e respostas mais frequentes, com dicas e sugestões, está na dor e na alegria do outro.

Nunca atuei na área do direito, por incrível que pareça, não entendo por que concluí esta graduação, pois não encontro nenhuma afinidade nessa área. O fato é que o diploma está comigo. Do período dessa faculdade, guardo várias amizades, algumas trago comigo até hoje e são de grande valor para mim.

Também sou licenciada em ciências biológicas, uma formação on-line para aproveitar o tempo confinada em casa, durante a pandemia da covid-19.

Durante dez anos de minha vida, trabalhei em grandes empresas como representante comercial, uma experiência ímpar, literalmente tinha que lidar com pessoas durante todo o dia. Pessoas difíceis e que estavam enfrentando sérios problemas, pessoas mais fáceis de lidar, gente mal-humorada, gente com um humor excelente, gerentes com perfil de líderes, gerentes sem perfil nenhum para liderar, trânsito caótico em alguns dias, metas a serem alcançadas, relatórios para preparar e ainda ter disposição para retornar para casa e lidar com a secretária, com as compras a fazer, com a agenda escolar das filhas, marido etc. Não é fácil administrar tudo, mas quem disse que seria? Ou, ainda, quem disse que não existe prazer no que não é fácil?

Superação!

A vida também é sobre superação. O importante é que sempre procuro seguir em frente. Se hoje não foi tão bom, amanhã será, se hoje foi difícil, amanhã será mais simples, e, se não for, tudo bem, no outro dia será.

Durante a pandemia, li dois ou três livros, sempre li pouco, mas lia. A leitura nunca foi algo constante na minha vida, por não conseguir encontrar o verdadeiro prazer que ela pode oferecer. Certo dia, minha amiga me emprestou um livro que ganhou de presente de uma colega que participava do Clube de Livro. O termo "clube de livro" me despertou curiosidade. Na mesma semana, vi uma postagem de uma amiga da faculdade de direito — olha aí, um fruto dessa formatura — falando sobre o Clube, e então, decidi fazer parte.

No início, pensei que se tratava somente de ler um livro por mês e debater sobre ele. Nunca imaginei que minha vida mudaria tanto! A primeira ferramenta de superação: a leitura se transformou numa paixão. Antes do Clube, eu olhava primeiro o número de páginas do livro, e, durante a leitura, ficava calculando quantas faltavam para terminá-lo. Hoje, não me interessa mais a quantidade de páginas: desfrutar do conteúdo de cada uma é o que realmente importa. E, mesmo com tantas atribuições, preocupações e afazeres, me interessei em participar do Clube de Livro. Por quê? Porque é um desafio, e a vida, para mim, se torna mais intensa diante dos desafios.

Hoje, leio muito, desfruto de cada leitura e escrevo também, apesar de já ter escutado muitas vezes "você não sabe escrever", "não existe lógica na sua escrita". Por muito tempo, dei espaço para essas palavras, passei realmente a me sentir incapaz de escrever qualquer coisa, mas nunca me martirizei por isso.

> Diante de situações que só me traziam desesperança, sempre busquei outro caminho. Acho que sempre existe uma alternativa. Nunca permito que a mágoa se instale em mim. Se, no momento, não encontro forças para enfrentar e me desafiar, procuro outra coisa para fazer.

A segunda ferramenta de superação: buscar alternativas. Alguns podem chamar essa atitude de distração, estratégia para não sofrer, pode até ser, não sei... O fato é que as palavras negativas que escuto não podem me paralisar, não posso lhes ceder esse poder, por isso, busco em mim a melhor forma de não permitir que uma ferida se abra em minha alma. Deixar as lágrimas rolarem na hora do ataque, quando elas se formam, eu permito; o que não aceito é que aquela dor me marque, sirva de referencial para qualquer posicionamento meu em relação àquela situação, isso nunca.

Nada acontece por acaso, o destino e o acaso nunca foram apresentados, penso eu. Então, num dia qualquer, o namorado da minha filha, o Lucas, me sugeriu que escrevesse, pois a cada semana que ele chegava em minha casa eu estava lendo um livro diferente. Pensei, ele só está sugerindo isso porque não sabe que eu não sei escrever. Mas, ele falou com tanta verdade, tão convicto de que eu poderia escrever, que abri o esconderijo onde estava o receio de escrever, relembrei as palavras que escutei, revivi o sentimento que senti, e me dispus a vencer aquilo. A hora de enfrentar tinha chegado.

Como o acaso não sabia que o destino colocaria o Lucas no caminho, aceitei o embate. O Clube de Livro, colaborando com o destino, lançou o projeto "Eu Escritora" e, então, não tive dúvidas de que precisava me inscrever. As pernas tremeram, a mão suou, achei que estava louca, que não iria funcionar, e nada de ter nas regras aquela opção "se você quiser desistir, o procedimento é...". Mas, como nunca desisto quando o propósito é me desafiar, parei de procurar por essa regra.

Inscrição feita, desafio aceito, então, com as mãos tremendo mesmo, comecei a escrever. O fantasma daquelas palavras foi deixando de me atormentar e fui gostando de escrever. Quando percebi, já estava dividindo meu tempo entre a leitura e a escrita, e já não sei qual dos dois me é mais prazeroso.

A terceira ferramenta de superação: escrever!

> Os desafios e os dissabores da vida ficam mais leves para vencer quando consigo criar uma rede de apoio ao meu redor.

Sempre busco em quem me apoiar. É bem verdade que nem sempre falo exatamente o que pretendo fazer, porque me chamariam de maluca. Fica como exemplo o dia em que saltei de paraquedas. Quando falava que queria fazer isso, diziam que era loucura; mas eu fiz, saltei, vivi a maior e mais intensa experiência da minha vida, e só depois mostrei as fotos e vídeos. Minha rede de apoio aplaudiu e vibrou, mas, ainda assim, me chamaram de maluca. Por isso, escolho fazer desta forma, fico ao lado deles, falo nas entrelinhas sobre meus desafios, eles não sabem exatamente do que estou falando, me sinto apoiada e faço. Meio louco mesmo, mas funciona.

A quarta ferramenta de superação: rede de apoio!

Nessa rede é que está o Phil. Nunca achei que criaria um cachorro, tampouco achei que colocaria um em meu colo, e que teria carinho de verdade por ele, mas o Phil quebrou todos esses paradigmas. Nos conhecemos em um pet shop, todos os cachorros do mundo eram iguais para mim até aquele dia. No espaço da loja tinha uns dez cachorros, mas o Phil não estava brincando, comendo, correndo ou dormindo, ele estava olhando para mim desde o momento em que entrei, acho que estava me esperando, e eu só olhei para ele.

Me apaixonei. É um amor sem troca, ele não pede nada, só bebe se eu colocar, só come se eu der, mas sempre me oferece uma companhia. Quando estou lendo, ele deita perto; quando estou escrevendo, fica quietinho; quando saio e volto para casa, ele está me esperando na porta, late de alegria e o rabo balançando demonstra que estava o tempo todo a me esperar. Hoje, entendo por que criar um cachorro é tão bom.

Então chega a vez da quinta ferramenta de superação: fé! Dessa forma penso que a fé no Senhor me sustenta e me mantém firme na crença de que a vida é uma grande aventura.

Resumindo, quero sempre estar disposta a conhecer, ouvir e criar laços de amizade com as pessoas, respeitar suas dores e me alegrar com suas vitórias; nunca permitir que as mágoas fiquem em meu coração, para que jamais se transformem em rancor; quero manter a coragem de enfrentar os desafios, por mais difíceis que possam parecer; quero sempre superar as situações que a vida me apresentar; quero sempre ter minha rede de apoio (família, amigos e o Phil) ao meu lado como incentivo e a certeza de acolhimento quando eu precisar.

Sem nunca me afastar da leitura, que me proporciona um contentamento verdadeiro, a bem-aventurança de entrar no mundo das letras e viver cada história com alegria e prazer. Ler e sorrir tornam a vida mais leve, quero continuar lendo e sei que cada livro me arranca um sorriso, mesmo que seja aquele de satisfação quando encerro a leitura e muito contente encaixo o livro em minha estante.

Por fim, quero dizer que, na minha compreensão, a vida é alegria e tristeza, dor e prazer, amor e ódio, felicidade e infortúnio, céu e inferno.

> Em mim prevalece a certeza de que a vida é uma verdadeira provocação, uma eterna incitação, como um convite para encarar o desafio de encontrar-me frente a frente com todas essas sensações e poder extrair o melhor de cada uma.

CAPÍTULO 25

LADO RUIM OU LADO BOM? A DECISÃO PROVÉM DO MEU OLHAR...

Thuany Karla Dantas Theotônio

> *"Quantas coisas cabem em um olhar!
> É tão expressivo, é como falar."*
> —— **Clarice Pacheco** ——

Intenso, sonhador e determinado! Assim é o meu olhar. Olhar de uma pedagoga apaixonada pela educação, especialista em supervisão escolar e estudante de psicopedagogia que pretende, com empatia e amabilidade, atender às necessidades das crianças. Atuo como coordenadora pedagógica de uma instituição escolar, exercendo minhas habilidades comunicativas para lidar com o público, alinhando a interação interpessoal com a inteligência emocional.

Amo ler, e meu interesse em entrar no Clube de Leitura das Mulheres Intelectualmente Ativas surgiu da necessidade de ter o compromisso de cumprir metas de leituras, e sabia que a experiência em grupo me ajudaria, afinal de contas, ler em grupo nos possibilita compartilhar ideias e é sempre um prazer criar laços de amizade.

Acredito que a vida sempre nos oferece caminhos, olhares e decisões. Cabe a nós fazermos as escolhas que cremos ser as melhores para as nossas necessidades. Para trazer bons resultados, é preciso olhar para o lado bom da vida. Aquele lado que nos motiva a buscar leveza para a nossa trajetória, que nos faz enxergar soluções onde muitos não conseguem, é aquele lado que nos faz acreditar que o melhor vai acontecer, e, por isso, estamos ali, lutando por esse melhor, buscando nossa paz e apreciando cada momento da vida.

Cresci ouvindo minha intuição gritar por esse lado bom, que alegra nosso coração, que nos faz pensar fora da caixinha, que motiva o nosso caminhar, que nos revela os desafios necessários para o nosso crescimento. Eram esses os meus desejos: crescer, aprender e lutar por tudo o que queria alcançar. E não me sentir limitada. Para evitar isso sempre busquei desafios, ou talvez eles me tenham alcançado, porque isso me fazia muito bem. Eu sentia, queria, sabia que conseguiria vencer cada um.

Apesar de ter sido orientada na minha infância a olhar apenas para o "lado conformado" da vida que eu tinha, não consegui obedecer. Aliás, confesso que nem tentei... Dentro de mim, algo clamava por mais, no fundo, sabia que o meu caminho seria fora da curva. Entendia que meus pais queriam me proteger, era reflexo da criação que tiveram. Eu ouvia que precisava pisar no chão, mas isso não seria o suficiente... eu queria voar através dos meus sonhos, queria mais, e ainda bem que não levei em consideração esses conselhos.

> Sim, eu sempre sonhei muito. Me perdia em meus pensamentos e sonhos. Até hoje sou assim. Aliás, me perco não, me acho.

Quando criança, sempre ouvia: desce daí menina, você está sonhando alto demais. Para ser sincera, os sonhos nem eram tão distantes assim. Mas sempre entendi que o maior medo dos meus pais era que minhas escolhas me levassem ao erro. Ah! Se todos soubessem como aprendemos com os erros. Eles nos ensinam grandes lições. Mas, o medo de errar nos priva tanto do ruim como do bom. Durante muito tempo, vivi engessada por esse medo. O processo para finalmente conseguir me libertar foi lento.

> Olhar o lado bom da vida não significa que tudo será fácil! Não é um otimismo cego e romanceado, mas um protagonismo sem vitimismo.

Olhar com otimismo cego é não aceitar a realidade como ela é. É fuga, é fantasiar um mundo paralelo que não nos leva a lugar nenhum. É utopia. É acreditar que tudo será sempre um mar de rosas, como um conto de fadas. Eu não acreditava em contos de fadas, mas entendia que a maneira de enxergar a minha vida e os meus sonhos me levaria ao meu propósito. Afinal, se observasse apenas o lado ruim, aquilo poderia me paralisar, me sentiria constantemente um fracasso, estaria rodeada apenas de medos.

Então, escolhi enxergar a vida sem amargura, acreditando que poderia superar desafios, escolher as melhores rotas com confiança e criar estratégias para chegar lá. Percebi que acreditar nos impulsiona, que olhar o lado bom nos encoraja.

Nunca deixei a tristeza se alastrar dentro de mim, não queria ficar murmurando pelo que não tinha. Pelo contrário, queria buscar aquilo que almejava. Era preciso transformar todos os sentimentos de complexo de inferioridade incentivados na minha infância. Era urgente e necessário mudar o cenário da minha vida.

Sim, assumo que o lado ruim, muitas vezes, queria me encurralar, me colocava em dúvida, e eu tratava esses pensamentos como nuvens: deixava eles passarem. Sim, nem sempre a autoconfiança fez morada em mim, pois já fui muito insegura. Sim, muitas vezes fui calada, precisei reprimir meus sentimentos, meu choro, meu riso, pois sou intensa e isso assusta as pessoas. Sim, muitas vezes o desânimo bateu à minha porta e me fez desacreditar.

> Queria escrever uma história de vida diferente, não buscava apenas um final feliz, queria uma estrada feliz, onde as pedras não me estacionassem, onde a dor não me paralisasse e onde as pessoas não distraíssem o meu olhar.

Claro que sempre tive consciência de que, na estrada da vida, não encontraria só felicidade. Mas desistir nunca fez parte dos meus planos. E, quando realmente pude fazer minhas escolhas, mirei no foco e atravessei todo o caos.

No decorrer do caminho, não faltaram desafios, julgamentos e torcidas contrárias. Mas, como tudo na vida tem dois lados, também cruzei pelo caminho de pessoas inspiradoras e especiais, que me estenderam a mão e que, quando eu duvidava, estavam ali falando o quanto eu podia e era capaz.

Mas os desertos que atravessei foram vários, me fizeram forte, me trouxeram resiliência e maturidade. A vida foi me colocando à prova como mulher, como profissional, como filha, como esposa e como mãe. Porém, nunca estive realmente sozinha, Deus sempre esteve comigo, segurando minha mão, me orientando por qual caminho seguir.

> As circunstâncias da vida mostraram que a minha maneira de enxergar os fatos fazia toda a diferença. Quando encarava os pontos negativos, não visualizava as soluções. Quando respirava fundo e não deixava as emoções me cegarem, encontrava aquela linda e forte luz no fundo do túnel.

Assim, desenvolvi esse olhar encorajador e cheio de esperança. Enxergar o lado bom das coisas é uma escolha que fazemos todos os dias.

Quando nos permitimos ressignificar nossas verdades absolutas, logo nossos saberes se ampliam. Quebramos nossas crenças limitantes, rompemos paradigmas, e tudo isso é libertador.

Passei a perceber que a maneira com que lidamos com os problemas faz toda a diferença. Quando as situações desafiadoras surgem e, nos cinco primeiros minutos, quero me desesperar com coração acelerado, aquele turbilhão de pensamentos negativos, onde vou caindo no abismo do não acreditar; escuto meu superego gritar *calma, respira fundo e olha de outra maneira, pensa!* Tem dias que é preciso ir dormir e descansar, porque o amanhã sempre é o melhor dia para pensar e encontrar a solução. E tudo se torna aprendizado.

Os sonhos foram fundamentais para desenvolver esse olhar. Sim, meu olhar sonhador é sobre o que mais aprecio falar. Ele exerce muita responsabilidade na minha maneira de enxergar as coisas hoje.

Quando criança, meus desenhos espontâneos eram sempre muito parecidos. E uma curiosidade é que eles sempre tinham uma casinha rodeada de árvores e com um jarrinho na janela. Nenhuma casa que morei até hoje tinha vestígios dessa casinha do desenho. Mas essa casinha está sendo construída agora, rodeada de verde e com certeza terá um jarrinho na janela. É uma casinha recheada de memórias afetivas, onde seu chão foi cenário da minha infância, e agora será cenário da infância do meu filho, Gustavo.

Um sonho sendo realizado, que exigiu muitos olhares encorajadores do lado bom das coisas. Sem dúvida, os sonhos nos ensinam muito. Porque, como é algo que queremos muito, encontramos forças onde nem imaginamos, para fazê-los acontecer.

Esse sonho já me arrancou muitas lágrimas, mas, quando todas as portas pareciam estar fechadas, meu olhar encontrava uma nova. E, assim, fui percebendo o quanto é valioso enxergar a vida com olhar de fé, confiança e esperança. Isso é capaz de mudar muitos ciclos, incentivar quem está ao nosso redor e, sem dúvida, aumentar a nossa força.

Mas como é possível identificar, em cada um de nós, um olhar iluminado para a vida?

É preciso acreditar de todo coração, acordar todos os dias com gratidão pelo que a vida te oferece, transformar os desafios em aprendizagem, e emanar ao mundo a tua alegria de viver. É sempre um privilégio quando encontramos esse olhar iluminado no outro. É esse olhar que busco todos os dias! É por isso que sou também esse mulherão que, como diz o título de abertura desta parte do livro, rima com superação. Porque venho transformando a minha vida através da minha maneira de olhar para ela. Sem culpa, me permitindo errar e aprender com os meus erros, apreciando o caminho, vivenciando novas experiências e sendo feliz com a mulher em que me transformei.

Não poderia deixar de evidenciar a importância e colaboração do Clube de Livro nesse processo, pois é um espaço de visão para as mulheres. Nele, enxergamos novos horizontes, mudamos cenários, nos reencontramos, apreciamos o olhar do outro, trocamos experiências. Através das leituras, aprendemos muito. São mulheres que olham com empatia umas para as outras. Sem competição, sem julgamentos e sem comparações. Elas se olham com respeito e com olhares iluminados.

É como bem disse o autor do livro *O pequeno príncipe*, Antoine de Saint-Exupéry: "Só se vê bem com o coração, o essencial é invisível aos olhos". É assim que quero conduzir o meu olhar: de dentro para fora, com o coração, com responsabilidade afetiva e percebendo que nem tudo que tem valor pode ser visto. Mas, com certeza, pode ser sentido e vivido. E, depois que descobri a força que existe na maneira com que olhamos tudo ao nosso redor, ninguém mais me segura.

Sigo vivendo com intensidade, gratidão a Deus por cada dia, e buscando essa estrada feliz e cheia de desafios.

CAPÍTULO 26

FUGIR OU ENFRENTAR? O QUE IMPORTA É NÃO SE BOICOTAR

Ana Carolina Maciel Jácome Vieira

"Deixe de colocar sua felicidade na mão dos outros. Comece um caso de amor consigo mesma e pare de se boicotar."
—— Martha Medeiros ——

Em dezembro de 2017, acompanhei meus filhos em um campeonato de judô que, coincidentemente, ocorreu na escola que estudei quando criança. Senti aquela felicidade infantil, pura... O cheiro do lanche, a liberdade de correr pelos jardins. Me senti viva, depois de oito anos, senti como era bom viver.

Depois de reviver esses sentimentos, voltei para casa com mil pensamentos, 20 kg a mais na balança, vivendo no automático, zero vaidade. Eu não via graça em nada, acordava todos os dias, exercia meu papel de mãe, e fazia meu trabalho com muita maestria, mas era tudo vazio. Casamento, quase não existia mais; a cada dia, novas traições e agressões surgiam, e eu paralisada com tudo aquilo. Apenas existia e cumpria meus papéis sociais, sempre com os braços cobertos.

Foi aí que, ao chegar em casa, me olhei no espelho e não reconheci a Carol, formada em odontologia, consultora da maior operadora da América Latina, tão focada e competente na gestão em saúde, mãe de duas crianças lindas e saudáveis e filha tão amada pelos pais.

Ali, eu só enxergava a Carol humilhada por tantas agressões e traições do então marido, angustiada, que protelava chegar em casa após o trabalho, que dormia agarrada aos filhos e trancava a porta do quarto todas as noites para se proteger. A Carol que deixou sonhos para trás e que acreditava estar velha e gorda e que a vida era aquilo mesmo. Eu não sentia dó de mim, mas lamentava por não viver a vida que queria. A minha dor era ofuscada por reatividade em todos os outros setores da minha vida, e o choro era livre dentro do carro, sempre acompanhado do questionamento: o que eu fiz comigo?

Mas, naquele dia foi diferente. O sal foi pulverizado e devolveu sabor à vida. Diferente de outras vezes, eu não chorei ou me vitimizei, apenas agi. Me segurei numa força vital, e, no dia seguinte, passei a me alimentar melhor, ir à academia, dar mais tempo de atenção aos meus amigos, filhos e família, pois, infelizmente, eu estava afastada de todos. Estava em um relacionamento abusivo e entendi, pela primeira vez, que precisava me perdoar por ter feito a escolha errada, por ter me colocado naquela situação, e que apenas eu poderia salvar a mim mesma.

> **Fui a minha mão amiga e gentil, e precisava de muita força para sair daquele atoleiro.**

Sem perceber, e sem fazer enormes sacrifícios, o ponteiro da balança foi baixando, o cabelo já estava mais arrumado, já tinha vaidade de usar batom e caprichar nas roupas, mesmo que fosse para ir ao mercado. Me reconectei com Deus, com meus filhos, meus pais… Fiz tudo por mim, em silêncio, e a vida foi se apresentando linda como um amanhecer. A única coisa que não silenciou nessa fase foi minha risada, minha música alta enquanto dirigia e o amor de Deus em meu coração. Eu era outra pessoa.

Friamente, durante um ano, calculei milimetricamente tudo o que faria. Conversei com meu chefe, precisava de uma promoção, de um salário que permitisse minha alforria. Fiz por onde, pus os resultados na mesa e consegui. Precisava também de um carro... um carro que fosse meu de papel passado: fui lá e conquistei.

Comecei a ordenar tudo na minha casa, na rotina dos meus filhos, nas minhas viagens a trabalho. Fui experimentando todas as barreiras sozinhas. Voltar para a casa dos meus pais com dois filhos e um cachorro a tiracolo não era uma opção naquela altura.

> Eu tinha um plano, e, quando temos planos, temos propósito, temos o que perseguir. Sem compartilhar nada com ninguém, os segui.

Agi, separei, me livrei, me libertei. Cortei as amarras da humilhação psicológica e física. Não derramei uma mísera lágrima! Eu venci! As pessoas ao meu redor ficavam à espera do dia em que eu fosse recair, como se a minha superação fosse apenas uma fase de euforia da depressão. Mas que depressão? As pessoas costumam dar nomes a tudo, e não menosprezo doenças de ordem mental, mas a única coisa que eu sabia que não tinha era depressão. Queria gritar para o mundo: me deixem viver!

Não digo com orgulho, mas sim com muita alegria, que precisei de mim, que senti falta da Carol que sempre fui e tinha se perdido. Logo eu, a mulher treinada a resolver problemas no trabalho, dar soluções e melhorias para negócios, não conseguia solucionar minha própria vida. Me incomodava demais ter me tornado uma mulher amargurada; tenho um sorriso lindo e ele simplesmente não aparecia.

Claro que, nessa fase de divórcio, outros tantos problemas surgiram: a disputa pela guarda dos filhos, o narcisista que sempre arruma um jeito de tentar te torturar, as dificuldades financeiras... Fui entendendo que tudo era uma fase e que ia passar, eu só precisava me manter viva e firme no meu propósito de ser feliz.

As maiores barreiras vieram da família, porque todos apoiam seu divórcio só até a página dois. Muitos tinham vergonha, de início, outros sempre arrumavam uma forma de dizer que já sabiam, e eu que era culpada por ter dedo podre. Sentia o fogo da raiva agir... Respirava, mastigava, mas não digeria os desaforos. Se sabiam, então por que nunca me ajudaram? Outros, ainda, simplesmente achavam que tanta alegria era sinal de desequilíbrio, e me evitavam. Amigos de infância se afastaram, pois as esposas se incomodavam com a Carol que ressurgia, amigas casadas também não estavam mais presentes, afinal, passei a ser má influência, e, em vários finais de semana, eu me via sozinha.

Quando falo sozinha, era sozinha mesmo, não tinha sequer uma mísera mensagem, um lugar para sair. Nada. Isso foi ruim, estava tão cheia de vida, com tantos sorrisos guardados, e me via sem ninguém para compartilhá-los. Tive que reconstruir meu ciclo social, reciclar alguns outros. Tive que reaprender a ser socialmente ativa, talvez, de toda a jornada, isso foi o mais complicado.

Há muito julgamento, há muito preconceito no meio de tudo isso. A mulher que sofre o que sofri é taxada de louca, de fraca (afinal, só apanha quem quer) e, quando ela ressurge, vira a vagabunda que deixa os filhos para cair na farra.

Senti o dissabor dos boletos acumulando, da despensa de casa regrada, da preocupação se o salário chegaria ao final do mês e nada faltaria para as crianças. A cada visita que minha mãe fazia, deixava escondido leite, carne, lanches para as crianças... Parecia até que alguém dizia a ela exatamente o que estava prestes a faltar. Era um misto de *Deus, eu sei que você existe* e, ao mesmo tempo, um *eu te amo* da minha mãe. É só uma fase. Tudo passa... E passou mesmo.

Eu ainda sofria por ter que dividir meus filhos com quem nunca quis ser pai e que, naquele momento, só queria mesmo me atingir. Não faltavam indicações de psicólogos e de ensinamentos sobre como deveria seguir minha vida e criar meus filhos. Mal sabiam todos que, quando uma mulher se redescobre, ela sabe exatamente o que NÃO quer mais na sua vida.

Entendi que quem ficou comigo, nesse momento, de fato, merecia ficar. Quem se foi, nem lamento. Fui presenteada com novos amigos, que surgiram, pois me abri a viver. Eles vieram do grupo de oração, do *beach tennis*, do curso de bordado, do Clube de Livro... Anos atrás, ler um livro por mês e passar uma tarde com um grupo de mulheres era inimaginável, eu teria sido desencorajada e chacoteada até desistir.

Tomei as rédeas da minha vida, da minha casa, dos meus filhos. Pude andar de pés descalços novamente, usar a cor de cabelo que sempre gostei. Agora já consigo realizar sonhos e riscar da lista muitos lugares que sempre sonhei em conhecer.

Ser feliz é lindo e contagiante. Eu não fazia esforço para estar onde queria, com quem queria. Era como se essa força e energia se tornassem imãs, e tudo que eu queria de fato entrasse na minha vida. Havia me tornado um mulherão de 1,60 m. Aliás, finalmente descobri o mulherão que sou.

Nunca vou esquecer a década que quase arrasou e custou a minha vida. Se eu não tivesse me ajudado, talvez estivesse em páginas policiais, talvez fosse mais um número nas estatísticas. É preciso muita coragem, muita força interior. Libertar-se da dor, do sofrimento, daquilo que te mata aos poucos, é como sobreviver a um grande desastre. É a força de vida que salva. Eu sou uma sobrevivente.

Ainda carrego traumas, ainda tenho bloqueios. Não suporto assistir noticiário, ainda escuto o barulho de cada tapa, ainda sinto o peso de cada chute. Mas não me permito sentir dor, nem mesmo a dor das palavras proferidas a mim. Não mais, tudo isso passou porque decidi não querer mais. A solidão que me acompanhou na década das trevas foi a mesma que me deu discernimento. Foi a solidão que disse: *Vai, Carol, é você e Deus. Apenas segue.*

> Engraçado me ver hoje. Mulher arretada, desenrolada e, mesmo ainda com inúmeras cicatrizes, tenho um orgulho danado de mim. Como uma obra, passei da demolição à restauração.

CAPÍTULO 27

RECOMEÇOS... QUANDO VOCÊ QUISER!

Gabriele Braga da Rosa Moreira

> "Eu sou aquela mulher a quem o tempo muito ensinou.
> Ensinou a amar a vida e não desistir da luta, recomeçar
> na derrota, renunciar a palavras e pensamentos negativos.
> Acreditar nos valores humanos e ser otimista."
> —— Cora Coralina ——

Hoje, olho para esse céu estrelado, que consigo ver daqui do meu chalé, que fica mais afastado da cidade, e me ponho a pensar em tudo que vivi até aqui. Sou uma mulher de 46 anos, mas com sonhos de menina. Alguns desses sonhos eu já realizei, e esse chalé é um deles, mas ainda tenho outros a realizar.

A vida, até agora, não foi muito fácil, mas também não foi tão difícil. Meus pais, apesar de terem passado por muitas dificuldades, me deram tudo o que puderam e que estava dentro de suas condições, além da bagagem de vida. Sou muito grata a eles. Meu pai, hoje aposentado, era feirante; e minha mãe, já falecida, era vendedora de roupas autônoma. Os filhos eram três. Nossa infância era boa! Brincávamos muito pelas ruas do meu bairro. É uma delícia lembrar desse tempo. Quando somos crianças tudo é mais fácil, mais leve, encaramos a vida pela frente com muita esperança e expectativa, queremos crescer e ganhar o mundo.

Cresci, comecei a trabalhar, me casei e tive um filho, lindo e saudável, agradeço todos os dias por isso. Nesse caminho da minha vida, aconteceram perdas e preocupações, mas também alegrias e realizações.

Penso que Deus está presente em todas essas ocasiões, porém, nos lembramos mais d'Ele nas dificuldades. É quando sentimos que estamos mais fracos que recorremos a Deus ou à espiritualidade, pois, sabendo que tem um ser superior a nos olhar, nos sentimos mais protegidos e firmes para seguir. Nas perdas vivenciadas em minha vida, tentei ser forte, mas nem todos os dias consegui estar bem.

A cura não é linear.

Recentemente, tive duas perdas: o fim de um casamento de 22 anos, e a saída da empresa em que trabalhei por 25 anos. Fiquei atordoada! Como pôde acontecer isso comigo? Toda a dedicação para os dois, tanto ao trabalho quanto ao casamento. Todo o tempo investido! E, simplesmente, acabou! Sofri demais! Por isso, sei que todo esse processo de cura tem que ser trabalhado por dentro. Tem dias em que estou vibrante e supermotivada para tudo. Novos projetos de vida, novas oportunidades. Outros dias, quero ficar dentro de um quarto escuro sem falar com ninguém.

Quando saí do trabalho, recebi tantas ligações e apoio que me impressionei. Como podemos tocar pessoas nessa caminhada de vida e não percebemos! Pessoas com as quais não falava há muito tempo me deram apoio e me fortaleceram. Por outro lado, me surpreendi com outros, que pensei que cederiam um tempo de suas vidas para me mandar ao menos uma mensagem, mas isso não aconteceu. Por vezes, nos enganamos com as pessoas, mas longe de mim nutrir rancor; é como dizem por aí: cada um dá o que tem para oferecer.

Sei que tenho muita capacidade para seguir em frente. Sou boa no que faço! Encontrei um propósito de vida nessa carreira, e ainda quero realizar muito, só estou dando uma pausa para recobrar as forças. Como uma pessoa querida me falou, "é preciso dar um passo para trás para pegar impulso". Quem sabe não é esse meu momento?

Conforme o tempo passa, me fortaleço e ganho consciência de que também sou uma perda. O trabalho que me dispensou perdeu uma baita profissional, e a pessoa que se separou de mim também perdeu um mulherão da porra!

Pensar assim me dá forças, mas não apaga o que aconteceu; o casamento teve um fim. Mas casais se separam. Isso é um fato. Não sei se é certo, só sei que, quando dividimos a vida com alguém, queremos estar juntos para o que der e vier. Mas um casamento longo passa por muitas fases, e temos que amadurecer muito nos relacionamentos, pois somos pessoas diferentes vivendo juntas e, muitas vezes, erramos tentando acertar. O diálogo é muito importante nas relações, precisamos falar do que gostamos e do que não gostamos, do que nos incomoda e do que nos faz feliz.

O dia a dia e o cansaço da rotina pode nos prender em uma espiral de correria que não nos deixa compreender que a vida está passando e que seu companheiro está ao seu lado. Dividimos nossas vidas. Que especial é isso! E, então, um detalhe que passou despercebido, uma forma de falar que magoou o outro, um gesto que poderia ter sido feito ou lembrado, coisas simples e que nutrem os relacionamentos ficam de lado, vão passando. A presença do outro, você querer que ele esteja ali, sentir que ele faz falta naquele dia, mesmo quando está com amigos queridos, a presença do seu parceiro te alegra, e você sente vontade de estar com ele. Realmente dividir a vida.

Quando estamos casados, construímos sonhos juntos, e foi uma das coisas que mais me magoou quando o casamento acabou. Eu perguntei "e os nossos sonhos?". Bem, terei que realizar os meus sozinha, e os dele, que estavam no meu coração, vou entregar de volta para que ele os realize.

É como dizem, sobre o amor-próprio: às vezes, você ama tanto as pessoas, que as coloca acima do que você gosta, do que você é. Acaba se tolhendo para agradar o outro, e não devemos ser assim. Temos que ser autênticos. Aprendi isso com meu filho.

Ensinamos muita coisa para as crianças, mas também aprendemos com elas. Ele me ensinou a defender meu ponto de vista com mais afinco, a questionar as pessoas, se achar que estão erradas. Ele é demais, e o agradeço por isso.

> Às vezes, penso que sou velha para recomeços, mas hoje soube que a Cora Coralina publicou seu primeiro livro com 76 anos. Que maravilhoso!

E quanto a recomeçar? Dá medo!

Este livro é sobre mulheres que se leem, e hoje faço uma leitura de mim, da mulher que me tornei. Prezo muito pela minha família, que é minha base, gosto de viver levemente, sem muitas preocupações, por isso é que esse momento que narrei me tirou do eixo. Tenho Deus como meu guia e sempre converso com Ele sobre minha vida. Gosto muito da natureza e a vejo como obra divina. Gosto de trabalhar com investimentos e dar mais clareza às pessoas que investem os seus recursos. Tenho muitos sonhos a realizar, e quero buscá-los, pois, como dizem, a vida é breve.

Nesse momento, fico triste com tudo o que aconteceu e sinto receio em recomeçar, mas tenho que me refazer e seguir em frente. Só que esse "em frente" me parece difícil, quero colocar minhas forças em algo que vai dar certo! Mas o que pode dar certo? Só saberei tentando...

Vou tentar, e vou seguir! Estou sendo gentil comigo agora. Estou fazendo essa pausa em tudo e me voltando mais para mim, me conhecendo mais.

Sei que levo comigo todos os aprendizados da vida e os conhecimentos que adquiri durante esses anos, portanto, não recomeçarei do zero. Assim, me organizo do lado de dentro, para me organizar também do lado de fora.

A cada dia me fortaleço mais. Hoje, estou melhor do que ontem; e, amanhã, estarei melhor do que hoje. E é o que também desejo a você, que está lendo esse texto.

Busque o que te nutre o corpo e a alma, busque sentir a plenitude dos momentos. Assim, você se sentirá mais realizada e apta a seguir nessa vida, que é um presente a cada dia. Siga daí, que eu seguirei daqui.

CAPÍTULO 28

(RE)COMEÇO, MANIA DE IR EM FRENTE

Bruna Keidna Lopes Francelino

"A vida voa na sua cara, esbarra no seu rosto, suja sua vaidade, corrompe suas certezas, e você não pode fazer nada. A não ser lavar o rosto e começar tudo de novo."
—— Tati Bernardi ——

Com quantos recomeços se faz uma mulher?

Sou formada em administração de empresas e apaixonada pelo comportamento humano, atuo com vendas e falo que vender é (re)começar todos os dias. Para cada pessoa, um novo jeito, um novo argumento, um novo mundo.

A língua portuguesa nos lembra que sinônimo de recomeçar é renovar, restaurar, reiniciar... No inglês podemos "resetar".

> Um recomeço sucede à queda? Não sei, mas diria que antecede a felicidade.

Lembro com muito carinho do meu primeiro recomeço. Ainda criança, dizia: "Mãe, quando vamos voltar para casa? Nós vamos voltar?". Aprendi muito cedo que, quando não dá para voltar, a gente recomeça! Dessa vez, de um outro jeito, recalculando a rota, por outro caminho.

Aos quinze anos, (re)comecei de novo, sozinha... Não tinha nada além da vontade de ser feliz. Expulsa do lar, com caixas nas mãos, sorrindo do choro. É preciso coragem para trilhar seu caminho, que é só seu, é sua responsabilidade. Recomeçar é se recusar a desistir. É tentar mais uma vez. Tentar melhor, não é só dar mais uma chance para a vida, é dar a alma!

Alguns recomeços são maiores que outros, tive certeza disso quando larguei tudo no Brasil e fui recomeçar na Irlanda. O que dizer quando se está em um lugar que não fala sua língua? Senti medo! Mas eu era fluente na linguagem universal dos recomeços.

Foi lindo! A coragem de recomeçar nos traz lindos sorrisos. Eu sou encantada por eles. Por falar nisso, o meu maior sorriso, o mais bonito, o mais feliz, veio do meu último recomeço, que me trouxe também um reencontro. Reencontrar Jesus e recomeçar com Ele me fez brilhar em vida.

Quem me roubou de mim? Isso eu não sei, mas quem me devolveu a mim mesma foi Jesus! Porque, antes, cada recomeço veio depois de um fim, e, desses fins, restava a sensação de algo perdido, e o vazio causado pelo passado deixava marcas.

Dessa vez, foi diferente. Achei o que estava perdido, e o que ficou para trás deu espaço a coisas maiores. E as marcas? Ah! Essas reforçam e me lembram da minha força. Como diz o apóstolo Paulo em suas cartas: "Quando sou fraco, então, sou forte".

> Não carrego o meu passado! Não sou escrava dele! Em vez disso, me reconstruo, recomeço, escolho novas rotas.

Uma dessas novas rotas me trouxe ao Clube de Livro, e esse recomeço se tornou mais florido, as flores são mulheres fortes, que têm em comum a força e a coragem de compartilhar suas histórias, e encorajam umas às outras a cada encontro com seus recomeços.

Que lindo recomeçar! Se eu pudesse falar uma única coisa seria: se tiver medo, escolha agir; se encontrar um amor, ame; se quiser chorar, chore. E, se não puder voltar, recomece.

Ah! Voltando ao início... Quer saber com quantos recomeços se faz uma mulher? Com quantos ela quiser.

CAPÍTULO 29

EXISTE ALGO NOVO NO FRONT? SÓ A AUTOMOTIVAÇÃO

Joselany Áfio Caetano

"Um dia a gente acorda, os livros nos acordam, um anjo nos acorda, e somos avisados: não adianta mais olhar para trás. É ir em frente ou nada."
—— Martha Medeiros ——

Sou enfermeira e, desde pequena, tinha o desejo de exercer uma profissão que estivesse relacionada à área da saúde. Na adolescência, me envolvi em projetos solidários e fazia algumas ações voluntárias; além de toda a influência cristã, isso contribuiu para a minha forma de ver o mundo e reconhecer os valores do outro. Então, a afinidade pelo curso de enfermagem se deu pelo desejo de cuidar e ajudar as pessoas, além do caráter humanitário da profissão.

Os anos de faculdade foram intensamente produtivos. O ensino, a pesquisa, a extensão e todas as experiências adquiridas, desde o período da graduação, reafirmaram o meu entendimento do ser pessoa e da importância de se ter um olhar para sua totalidade e suas particularidades. Após o término do ensino superior, fiz algumas qualificações, inclusive mestrado e doutorado; e cursos de curta duração. Tive experiências tanto na assistência na atenção primária, quanto na secundária. Entretanto, acabei enveredando para a docência; e o caráter laborioso e heterogêneo da academia produziu efeitos sobre o meu desenvolvimento pessoal e profissional, o que propiciou que me arriscasse em campos além do ensino, como pesquisa, extensão e gestão.

Ingressar na vida acadêmica não foi por acaso, as coisas foram acontecendo; e, hoje, me sinto uma pessoa privilegiada, pois consegui agregar duas paixões na minha vida: enfermagem e ensino.

Assim, sigo minha trajetória de vida com muito aprendizado e amadurecimento, buscando a articulação teoria-prática e a valorização da atitude crítico-reflexiva. Sou grata e feliz por todas as minhas conquistas, e por saber que posso fazer a diferença na vida de outras pessoas e acrescentar qualidade, fundamentação, reflexão, em minhas ações, que coincidirão com os propósitos do ensino na enfermagem: educar para o cuidar de forma efetiva.

Tive uma vida profissional de muitas conquistas e sou grata a Deus por todas elas. Agora, eu digo, não foi fácil. Tive que lutar por muitos espaços, inclusive para nascer, pois uma prematura nascer na década de 1970, conforme minha avó dizia, foi um milagre.

Hoje, uma palavra forte na minha memória é SUPERAÇÃO.

Cresci numa família comum, com grandes esforços dos meus pais em sempre dar o melhor aos filhos. Para isso, meu pai trabalhava diuturnamente e, minha mãe, em todos os horários; eu e meus irmãos fomos criados por funcionária doméstica, assim, precisei aprender a aprender, inclusive a trilhar meu caminho sozinha. Infelizmente, um dos meus irmãos não teve a mesma sorte, e enveredou para o caminho das drogas, o que esfacelou toda a estrutura familiar que eu tinha, e, com isso, tive que aprender a superar, em especial, a ausência dos meus pais após sua separação. Não é objetivo meu relatar os percalços de uma família com um membro viciado em drogas, entretanto, reafirmo: não é fácil.

> Costumo me visualizar como uma rosa do deserto: caule moldável, pequena, facilmente adaptável; com base forte para enfrentar fortes ventos; com cores variáveis e com simbologia de clareza mental, gentileza, amor, atenção, tolerância e resiliência.

Na caminhada da minha vida, coube a certeza de que sempre é hora de recomeçar, e que isso não é sinônimo de fracasso, mas de fortaleza. Entretanto, vale lembrar da necessidade de criar subterfúgios e evitar se abater pelos vendavais da vida.

Busco várias estratégias para superar as adversidades e desenvolver automotivação: acreditar em Deus; não pensar nas dificuldades; não se vitimizar; agir; ter senso de responsabilidade e compromisso; não gerar grandes expectativas nos outros; criar rede de apoio; parar de se sabotar; criar hábitos; perdoar-se; buscar motivações internas e estabelecer planos e metas bem definidos. Nesse momento, te convido a se aproximar para conversarmos mais de perto...

Acredito no Deus do impossível, e que nada acontece por acaso. Deus tem um propósito maior para você; e, mesmo diante das adversidades, você nunca estará sozinha. Além disso, entender que as experiências ruins e os problemas são fontes de crescimento, que é por meio deles que você aprende a melhorar como pessoa, vai te lembrar de que não adiantar pensar nas dificuldades sem enfrentá-las.

O livro *Em busca do sentido*, do psiquiatra austríaco Viktor Frankl, relata a experiência do autor em vários campos de concentração, entre eles o de Auschwitz, e as atrocidades pelas quais passou, como a perda da família e amigos. Mesmo vivendo as piores circunstâncias possíveis e inimagináveis, Frankl manteve firme a crença de que o espírito do homem pode se elevar acima das piores circunstâncias. Ele consegue encarar a vida como algo que vale a pena e diz: "Não importam as condições externas, pois todo ser humano tem a liberdade de escolher como ele vai ressignificar os acontecimentos. O que te faz sofrer não é a situação, mas como você escolher interpretar a situação".

Confesso que algumas situações são bem difíceis de serem enfrentadas, já que nem sempre o enfrentamento depende só de você, entretanto, assuma a responsabilidade, em especial, pela sua vida. Assim, tento resolver o que posso, o que não tem remédio, remediado está; além do mais, é importante pensar positivo, pois tudo em que acreditamos torna-se verdade para nós.

Não se vitimizar, isso é, não ser dependente emocionalmente de outras pessoas ou se achar incapaz de resolver os problemas; e, para isso, é preciso ter consciência do problema e da sua participação nele; assuma a sua responsabilidade e trabalhe para resolvê-lo. Não procrastine. Embora existam situações que só o tempo resolva, não usemos delas para nos isentar da responsabilidade, mas aprendamos com elas a reconhecer os nossos limites.

Agir. Busco a proatividade e tenho uma tendência em tomar iniciativa, nunca fui de esperar pelos outros, e confesso que isso comumente me desgasta. Acho que preciso colocar mais o pé no freio e talvez esperar mais pelas atitudes das pessoas, entretanto, a minha impaciência não permite.

Ter senso de responsabilidade e compromisso implica em envolvimento com os processos de trabalho, o que requer dedicação, proatividade e a busca em dar sempre o seu melhor, com compromisso e reconhecimento do seu papel e dos outros, inclusive ter uma visão sistêmica. Entretanto, não gere grandes expectativas nos outros, nem fique condicionada a dar o seu melhor na dependência do feedback deles.

Criar rede de apoio. Importante ter redes de apoio, e eu busquei várias. A começar pelo seio familiar, e como é bom envolver a família e contar com seu apoio; aqui, vale lembrar do meu esposo, que sempre abraçou meus projetos pessoais e os nossos projetos de vida, lógico que com alguns contratempos, o que faz parte da vida, e ser grato por tudo também. Outras redes de apoio podem ser: grupo de oração; amizades e a participação em clubes de leitura, aqui, em especial, o Clube de Livros de Mulheres Intelectualmente Ativas, lendo amigas entre amigas e leituras coletivas.

Participar de clubes de livros nos proporciona oportunidade de compartilhar experiências de leituras; ler livros em prazos bem definidos, discutir e aprender. O Clube de Livro das Mulheres Intelectualmente Ativas acontece de maneira presencial e on-line, e eu, frequentemente, participo dos encontros presenciais. É um espaço para troca de experiências e de desabafos; e ainda acontecem workshops sobre temas específicos.

Parar de se sabotar. Se sabotar implica em se enganar, em ser permissiva. É o famoso "só por hoje..."; o que, de certa forma, nos paralisa. Creio que seja importante desenvolver o hábito de se autoavaliar e evitar sair do foco. É necessário criar hábitos e, pensando nisso, não posso deixar de lembrar de dois livros que foram lidos no Clube de Leitura: *Hábitos Atômicos*, do autor James Clear e *Como ativar o cérebro a partir do hábito*, da autora Alyne Regis (mentora do Clube de Leitura).

O livro *Hábitos atômicos* reforça a ideia de que um pequeno hábito, uma rotina minúscula, um aprimoramento de 1% ao dia, durante um ano, no final desse ciclo de 365 dias, você estará 37 vezes melhor. Somos, com frequência, levados a acreditar que um grande sucesso vem de algo grandioso, porém, pequenas mudanças ao longo do tempo, a constância, esse 1% ao dia pode trazer resultados incríveis. O autor diz, ainda, que os hábitos são como os juros compostos do autoaperfeiçoamento.

Isso porque os efeitos de seus hábitos, tanto os bons quanto os ruins, se multiplicam à medida que você os repete, assim, uma ligeira mudança em seus hábitos diários pode direcionar sua vida para um destino muito diferente. As suas escolhas determinam, diariamente, a diferença entre quem você é, e quem poderia ser. E os efeitos de pequenos hábitos se acumulam com o tempo. Aquilo que começa com uma pequena vitória, vai se acumular e se transformar em algo muito melhor.

Agora, fique ciente de que nem tudo é perfeito e, por isso, reconheça suas fortalezas e fragilidades e procure o **autoperdão**. É mais fácil perdoar os outros do que a si mesmo. Isso tem a ver com a autoexigência e como encaramos os erros que cometemos. Exercitar o autoperdão promove aprendizagem, além do crescimento pessoal e emocional.

Buscar motivação interna, motivos para entrar em ação. Existem vários métodos que podem lhe ajudar na motivação interna, tais como: meditações, terapias e preces. Um ponto de partida para a motivação é estabelecer planos e metas bem definidos.

No início, mencionei que me vejo como uma rosa do deserto, e quero concluir te convidando a florescer, não importando o solo em que esteja hoje.

> A automotivação vem de saber que o solo somos nós e não onde nos encontramos.

PARTE 6

Identidade não é RG

CAPÍTULO 30

O (RE)NASCIMENTO DO EU

Maria Geucilene Freitas Barros
(Leninha)

"Nós, mulheres, podemos até ser os vasos mais frágeis, mas, com certeza, somos verdadeiramente importantes."
— **Cristiane Cardoso** —

Há algum tempo, reflito sobre a mulher que me tornei, para além de mãe, esposa, filha, irmã e amiga. A mulher que olho no espelho, de cabelo bagunçado, com dúvidas e o medo de não ter sido uma boa mãe ou esposa. O caminho que vivi foi o processo de aceitação e autorreconhecimento.

Mas sempre feliz e grata a Deus por minha vida.

Me vejo refletindo sobre os caminhos que percorri, e como tudo isso colaborou para hoje me tornar quem sou.

Aos quinze anos, me apaixonei e, como toda adolescente que se apaixona, queria estar sempre perto do meu grande amor. O meu amor se chama Carlos, lembro que desviava o caminho da escola para ficar com ele, e foi aí que tudo aconteceu. Foi tão bom que fiquei grávida aos dezoito anos. Pensei: *tô ferrada*.

Casei-me, grávida, aos dezoito, no dia 25 de setembro de 2000. Foi então que me tornei a mulher mais feliz do mundo. Quantas responsabilidades me esperavam: me tornar adulta, esposa, mãe e dona do lar.

Aos dezenove, tive meu primeiro filho. No dia 15 de fevereiro de 2001, nasceu um lindo bebê, tão frágil... Demos a ele o nome de Carlos Eduardo. Foi algo maravilhoso me tornar mãe. Eu achava que tínhamos uma família perfeita.

Aos vinte, fiquei grávida novamente e, então, me criticaram por estar grávida ainda com um bebê novo no colo, me perguntaram se não tinha TV em casa, e falaram muitas outras coisas desagradáveis. Porém, para nós, o mais importante era que meu esposo, meus pais e minha cunhada Fatinha me apoiavam. Esse novo bebê foi esperado com muito amor.

No dia 18 de junho de 2002, tivemos nosso segundo bebê: uma menina, branquinha como a Branca de Neve; demos a ela o nome de Larissa.

Foi aí que nossas vidas ganharam um novo significado. Deus foi, e ainda é, tão maravilhoso comigo! Estava tão feliz e, ao mesmo tempo, com tanto medo diante das incertezas. Pensava se eu realmente ia conseguir amar, cuidar... Agora, eu era a responsável pela vida deles, tão frágeis e cheios de necessidades.

> Era uma grande responsabilidade cuidar da minha nova família. Então, o que eu precisava era me dedicar, aprender a ser uma mulher e mãe ao mesmo tempo.

Ali, renascia uma nova mulher, um ser totalmente maternal: tudo o que vivia, sentia e olhava era dedicado aos filhos. Renasceu um olhar por meio de uma mulher que se tornou mãe. O que existia agora era o desejo de querer o melhor para eles.

Deixei meus sonhos, hobbies e músicas para trás. Nem o banho era o mesmo, gastar tempo comigo era desnecessário, então, a Leninha que um dia fui ficou de lado. Meu maior objetivo era ser a melhor mãe e esposa. Foi difícil aprender a lidar com as culpas que senti sobre quem sou e quem queria ser.

Ser mãe é ser tudo: criança, cozinheira, professora, amiga, ouvinte, é ser descabelada, arrumada, multitarefas, é ser mulher. Fazemos tudo com amor para nossos filhos, mudamos de corpo, de vida, embarcamos em uma responsabilidade enorme, sem data para acabar, e motivada pelo amor incondicional.

Em relação aos estudos, concluí apenas o ensino médio, e achei que era o bastante para mim. Afinal, para ser mãe e esposa eu não precisava de diploma ou de certificado, e isso eu não poderia me cobrar. Eu era a mulher mais feliz do mundo, tinha os melhores filhos e um esposo que qualquer mulher desejaria. Sempre tive tudo que Carlos pôde me dar. Estava satisfeita com o meu EU: mulher, mãe e esposa.

Passaram-se dias, meses, anos; e chegou um momento em que precisava retornar ao poder sobre minha própria vida, meu corpo, minha autoestima, sobre mim mesma. É preciso se olhar no espelho e sentir orgulho da mulher que somos, das marcas que ficaram e de quem nos tornamos.

Mas onde ficamos, como mulheres?

A busca pela identificação com a sua nova mulher acontece gradativamente, a cada dia, e todas as experiências da maternidade nos fazem descobrir ser alguém incrível, forte, disposta a amar e a sorrir. A mulher-mãe, aquela que dá a vida por quem ama.

Chega um dia que toda mãe precisa simplesmente ser, e não apenas existir. É preciso saber que você não será menos mãe se pensar um pouco em si mesma, se comprar um livro, ir tomar uma cerveja, ouvir sua música. Você não será menos mãe se você se amar.

A mulher nunca faz só uma atividade; ela cuida da família, às vezes até dos pais, da carreira etc. Muitos são seus desafios, e isso, em qualquer tempo, nos faz deixar de lado muitas coisas que são importantes para nós por dias, meses, anos. Apesar de tantas dificuldades, acredito que ser mulher seja uma dádiva.

Hoje, com os filhos já crescidos, sinto que não cuido de Carlos Eduardo, da Larissa e do Carlos, mas que venho sendo cuidada por eles, incentivada a me tornar uma nova mulher, capaz de renascer.

Decidi me priorizar e ter a coragem de seguir pelo que realmente acredito. Percebi que a vida é muito mais leve do que eu a imaginava. Olhar para si, se permitir aprender, é o caminho para se abrir a novas possibilidades. É preciso desafiar o mundo e a si mesmo, porque somos um pouco de tudo.

> Seja generosa com você, faça o melhor e não adie decisões importantes por medo. Acredite, depende mais de você do que de qualquer outra pessoa.

Vai ser difícil, talvez tenha que desaprender as coisas que você achava que eram certas, e aprender muitas coisas novas, isso inclui confiar mais em você e se importar menos com o que vão dizer. Saiba que você agora é sua prioridade, acredite em seus sonhos, continue se dedicando e fazendo planos.

Mas quem nasce primeiro, a mãe ou a mulher?

Ser mãe é ir muito além, é ser uma verdadeira fortaleza; é perder o controle quando necessário, perdendo ou não a postura; é recomeçar, mudar de rota, ser mil e uma utilidades. Ser mulher é se reinventar, se transformar em algo novo, mais forte, mais seguro de si. Possuímos talentos que podem ser desenvolvidos e aperfeiçoados, a questão é o tempo que levamos para nos descobrir. Baseada em minha experiência, tive que aprender a ser os dois ao mesmo tempo, pois uma complementava a outra.

Hoje, aos quarenta anos, me vejo como uma nova mulher. Sei que nunca é tarde para recomeçar, que posso colocar meus objetivos no papel e lutar para realizá-los, e que não vai ser um diploma, ou a falta dele, que vai me definir como pessoa. Quando olhamos para dentro de nós mesmos, o desejo ardente que chega ao coração é a vontade de ser quem desejamos ser.

Por isso, busco novos aprendizados, novos amigos. Tive a oportunidade de participar do Clube do Livro de Mulheres Intelectualmente

Ativas, mulheres incríveis que me ensinaram que, não importa em qual momento da vida você parou, sempre é possível (e necessário) recomeçar. Me ajudaram a olhar para dentro de mim, e despertar meus desejos de ler e escrever, coisa que havia ficado no passado. Como fiquei apaixonada por aquele clube do livro! Cada mulher simpática, linda, disposta a lhe ajudar com sua real identidade.

Sou apaixonada pela vida e pelas pessoas.

Sou intensa. Minha cabeça está repleta de sonhos, sigo meu coração, estou apaixonada pela minha nova versão.

Hoje, sei que o que realmente arde em meu coração é poder ajudar mulheres que, assim como eu, um dia acharam que ser mãe e esposa já era o bastante, mas que agora querem e sabem que podem ser mais.

Que podemos RECOMEÇAR.

CAPÍTULO 31

SABER O QUE QUER
É SABER QUEM É

Giuslaine de Sousa Feitosa

*"Não me façam ser quem não sou. Não me convidem
a ser igual, porque sinceramente sou diferente.
Não sei amar pela metade. Não sei viver de mentira.
Não sei voar de pés no chão."*
—— **Clarice Lispector** ——

A percepção sobre as mudanças se situa em ações e reações da nossa caminhada de vida, coloca em prática crenças que aprendemos na nossa infância com frases berrantes de achismo e falsas afirmações que, com o passar dos anos, tentam transformar nossa visão para escuridão de uma cegueira, não só em relação aos preceitos enunciados, mas afetando diretamente a nossa identidade.

Essas visões podem ser um alvo fácil quando permitimos deixar adentrar em nossa cabeça e modificar o que somos de verdade. Vamos parar para pensar sobre isso?

Para a realidade da minha origem, de onde eu vim, ter uma visão pequena parecia ser normal, mas, como assim? Hoje, formada como fisioterapeuta e atuante na área há alguns anos, sendo a primeira da família materna a ter uma formação em uma faculdade, parece até fácil falar do que quero da vida, mas nem sempre foi tão simples assim.

Posso dizer, com todas as letras, que não sabia quem "eu" era de verdade. Sempre fazia os gostos de pessoas que julgavam saber o que era melhor para mim. Todas essas decisões tornaram-se cômodas e práticas, na maioria das vezes eu fazia algo para não atrapalhar ou mesmo não queria desapontar os outros. Triste garota? Nem sempre! Como não sabia o que queria, qualquer coisa servia, e, com isso, achava que estava tudo bem para mim. Foi aí que chegou o ponto em que tive a minha primeira crise de ansiedade, em torno dos quinze anos. Na verdade, nem sabia o que estava sentido de verdade, apenas sabia que algo não fazia bem para meu corpo e minha mente.

O passar dos anos só piorou o quadro de ansiedade, ainda não diagnosticado, porém, vivendo por viver, queria tudo ao mesmo tempo e ainda não sabia o queria. Estava sempre em busca de aprender algo novo. O que gerava críticas de algumas pessoas mais próximas, que diziam que eu não deveria fazer aquilo ou davam opiniões que não faziam sentido para mim.

Chegou a tal ponto que eu não sabia mais qual era minha real identidade, e cada dia precisava de uma caixinha de várias personalidades, para estar bem com todos à minha volta. Quando a minha ficha finalmente caiu, eu estava trabalhando num local que não me fazia bem e num relacionamento fracassado, daí fui buscar o que eu realmente gostava de fazer.

Passei por muita coisa para me descobrir, levou algum tempo, juro que não foi fácil para mim encontrar o que realmente me interessava. De fato, gostava de várias coisas, mas meu ego gritava *é errado gostar de várias coisas ao mesmo tempo*. A voz chata, que falava direto no meu ouvido, era um pequeno monstro dentro de mim, sempre que eu queria fazer algo que gostava, essa voz dizia que tudo aquilo era errado ou simplesmente *o que as pessoas vão achar de você?*

Voltando para minha infância, fui uma garota que gostava de falar com todo mundo e de conhecer outros assuntos. Gostava de ler livros de diversos temas, porém, não compartilhava isso com ninguém, pois jurava que as pessoas não se interessavam, então, escrevia diários, falando comigo mesma, para compartilhar os diversos assuntos que aprendia. Todas essas escritas foram esquecidas na minha vida adulta.

A garotinha amiga de todos, com seus olhos castanhos escuros curiosos, ficou em um sono profundo até o momento em que foi despertada com um grito. Depois desse despertar, cada dia se transformou em uma descoberta incrível e mágica para essa garotinha do passado, mas, antes de tudo acontecer, ela precisou fazer algo que a maioria das pessoas não faz que é: ter atitude!

> Hoje é muito comum escutar pessoas dizerem que tiveram uma virada de chave quando ouviram um palestrante, coach ou mentor sobre um assunto. São tantas viradas de chaves sem nenhuma porta aberta...
> Mas, para o "algo" acontecer de verdade, é preciso uma decisão própria coexistente.

Traçar uma meta em sua vida é de suma importância para dar o primeiro passo, mas primeiro, você precisa saber o que de fato lhe agrada. Como?

Faça uma simples lista de coisas que você gosta, com uma cor, comida, filme (podendo ser apenas um gênero), música, ambiente ao ar livre ou fechado, coisas bem simples, que às vezes nem sabemos. Depois que fazemos essa lista, podemos entender melhor do que gostamos e colocar em prática o que agrada de verdade.

Eu, por exemplo, amo estar com os meus amigos conversando e rindo de qualquer coisa, porém, também amo meu espaço sozinha sem conversas paralelas, apenas aproveitando o momento de solitude. Mas isso não é contraditório? Não! Descobri que tenho vários temperamentos que antigamente não sabia e isso me deixava muito confusa. Descobri que podemos ter vários sentimentos se conectando em nós, porém, até chegar a essa descoberta, precisei saber primeiro sobre os meus gostos.

No segundo passo você precisa saber: onde você está hoje? Quando descobri que estava num relacionamento falido e em um trabalho que não gostava, entendi que teria que fazer algo para sair de um poço sem fundo e ACABEI! Bem simples assim, não podemos deixar isso atrapalhar, se algo está lhe prejudicando, ele precisa ser eliminado desde a raiz. Mas o que a maioria das pessoas faz é só reclamar e murmurar, não tomam a bendita da atitude de mudar o que incomoda, e ficam no comodismo de um ciclo sem fim, ainda falando mal de tudo e de todos, e coitadas das pessoas em sua volta a escutarem tanta reclamação sem solução.

O terceiro passo é saber: onde eu quero chegar? Nesse momento, traçamos as famosas metas e sonhos da vida, só que agora conseguimos entender o que queremos. Não dá para colocar em prática algo grandioso, se não sabemos nem qual nosso sabor favorito de sorvete! E você, já sabe o seu? Colocar na lista o que é importante, e depois focar em uma coisa de cada vez. Só uma? Sim, não somos multitarefas, precisamos aprender desde o começo o trajeto de iniciar e finalizar uma tarefa bem-feita para não termos frustrações no meio delas.

O mural dos sonhos me auxilia demais, pois consigo visualizar o que mais quero para meu futuro, e isso me ajuda a contemplar todos os dias com o sorriso no rosto. Me ajuda a ter garra para levantar da cama e buscar o que já é meu por direito.

O quarto passo, na minha percepção, é muito importante: quais são as pessoas que estão do seu lado? O autor Jim Rohn diz que nós somos a média das cinco pessoas com quem mais convivemos. Quem são os seus amigos? Você tem pessoas ao seu lado com o mesmo campo de visão que o seu? Tem amigos que lhe apoiarão em suas decisões ou sonhos?

É de suma importância ter, em sua caminhada de vida, amigos com alguma afinidade, pois todos os que estão do seu lado precisam, no mínimo, te admirar. Sempre tive muitas pessoas em minha volta, porém, são poucos com quem tenho essa grande intimidade. Foi através de uma grande amiga que pude conhecer o Clube de Livro da comunidade de mulheres intelectualmente ativas, e está sendo de mega importância em minha trajetória. São mulheres como eu, que gostam de assuntos diversos e amam crescer e se expandir intelectualmente. O mais importante é descobrir o gosto de outras pessoas e analisar de forma positiva outros olhares e perspectivas.

Depois que descobri que tenho um temperamento dominador, um gosto para organizar situações e uma inclinação para ajudar pessoas, estar com mulheres que buscam melhorar seu lado assertivo e descobrir que livros ajudam ainda mais na sua performance foi um divisor de águas em minha vida, o que reflete que estou na direção correta.

> Quando foi a última vez que você fez algo de merecedor para você? O autocuidado é tão importante quanto saber quem você é...

Digo isso porque sei que ir para a academia, surfar, comer algo gostoso, me faz muito bem. Só de pensar em marcar com as amigas, para tomar um belo café, meu coração fica cheio de amor, mas, para outras pessoas, não é assim, portanto, busque sempre o que lhe faz bem. Se cuidar faz você desacelerar um pouco e chegar ao seu ponto neutro. O ponto neutro é como um porto morto, e ele é muito importante, pois até as máquinas precisam desacelerar de vez em quando.

Entretanto, desacelerar não significa parar! Necessitamos desse tempo de pausa em nossa vida!

Uma frase de Joel Jota que escutei enquanto escrevia o capítulo deste livro, e que faz todo sentido hoje para mim é: "Compromisso não é uma palavra, compromisso é uma atitude". Isso me faz acreditar que só dependo de mim para estar bem no presente e no futuro.

Só depende de mim deixar de lado opiniões que não são assertivas, e aceitar algo apenas de pessoas que sabem do assunto verdadeiramente, pois o resto é balela, não contribui e não ajuda em nada, no final, é você com você mesmo!

CAPÍTULO 32

HOJE, O MEU EU, FAÇO EU!

Alyne Christina Regis Moura

"Exceções não são sempre a confirmação da regra antiga; elas podem também ser precursoras de uma nova regra."
— **Marie von Ebner-Eschenbach** —

Quem me vê hoje, não imagina a menina pequena, tímida e franzina que eu era na época da escola. Quase não tinha amigas, era pouco conhecida, preferia me isolar e não guardo lembranças muito agradáveis dessa época. Hoje, como nutricionista, neurocientista, escritora, palestrante e mentora de um clube de leitura, percebo que não existem pessoas que não possam ser transformadas; o que existe são resistências à mudança ou medo de passar pela transformação autoimposta, seja por medo do novo ou de abandonar o velho eu.

No desenvolvimento das minhas atividades, tomei um gosto especial pela comunicação, que nasceu quando percebi que, ao falar em público e ao lidar com as pessoas, eu poderia influenciá-las positivamente, além de gerar mudança e transformação nas suas vidas... e na minha.

A primeira vez que ministrei uma palestra foi em um grupo educativo sobre diabetes mellitus no Programa de Saúde da Família do município de Morada Nova, onde trabalhava. Eu tinha apenas dois anos de formada e lembro bem das expressões nos rostos dos ouvintes, sedentos por informação e conhecimento, na esperança de terem mais qualidade de vida mesmo sendo portadores de uma doença crônica.

A partir de então, notei que tinha uma certa facilidade para me comunicar em coletividades, sendo didática e prendendo a atenção do público. Resolvi, então, me aperfeiçoar. Busquei formas de me tornar ainda melhor na habilidade que havia recém-descoberto ser meu diferencial, e que a cada dia me permitia ser mais reconhecida pelas pessoas.

A habilidade da comunicação eu desenvolvi e aperfeiçoei com o tempo, já a liderança não, essa nasceu comigo. Desde criança, me destaquei sendo escolhida pelas coleguinhas para comandar as brincadeiras, e foi assim desde sempre. Onde a comunicação e a liderança se encontraram na jornada da minha vida? No Clube de Livro!

Há alguns anos, iniciei a leitura de um livro que foi bastante marcante na minha vida, o *Quem pensa enriquece*, de Napoleon Hill, inclusive, recomendo a leitura para todas as pessoas. Na época em que li, gostei tanto que passei a falar dele em todo lugar que frequentava, e também nas redes sociais. Foi a partir do interesse de duas amigas em discutir comigo as suas percepções a respeito desse livro, que surgiu a ideia de iniciar um clube de leitura exclusivo para mulheres.

Hoje, lidero mais de cem mulheres nas suas trajetórias pelo hábito da leitura no Clube de Livro da Comunidade de Mulheres Intelectualmente Ativas. Já são quatro anos de Clube de Livro, mais de quarenta livros lidos e esta é a segunda obra escrita por participantes, além de inúmeros *workshops* e eventos de aprofundamento.[11] O mais interessante de estar à frente de um projeto tão grandioso como esse é ter a oportunidade de identificar e inspirar outras mulheres a exercerem as suas lideranças com os mesmos valores em que acredito: honestidade, sinceridade, humildade, serenidade, espiritualidade e amor.

Uma líder de verdade não tem medo de delegar, nem de dividir as responsabilidades, pois sabe que a autoridade não vem do autoritarismo, mas sim do senso de respeito e de reconhecimento dos seus liderados, que o veem como uma pessoa admirável e que merece a posição que

---

11 Dados de 2023.

ocupa. A partir dessa mentalidade, convidei seis integrantes da nossa Comunidade de Mulheres Intelectualmente Ativas para compor o grupo de embaixadoras do Clube de Livro, para gerenciarem projetos específicos que operacionalizam as atividades inerentes ao clube de leitura.

Mas, quais são as competências de uma líder que se destaca? Eu poderia passar horas escrevendo sobre essas competências e características, mas quero destacar três delas, para que você consiga se autoanalisar e buscar desenvolver essas habilidades, se for do seu interesse ser uma líder de destaque também.

Primeiro: **capacidade de autogerenciamento**. Você deve ser capaz de liderar a si mesma. Controlar a sua língua e as suas emoções, para não deixar que isso atrapalhe o seu raciocínio lógico e a sua tomada de decisão. A autoliderança começa com o autoconhecimento. Se me conheço, sei quais são os meus limites, logo, não me exponho a situações que me tornem instável ou que me façam perder o foco do que realmente importa.

Segundo: **pensar em benefício do todo** e não em benefício próprio. Uma boa líder é justa e honesta. Preza pelo bem da coletividade. Sempre luta pelos interesses da maioria. O seu bem-estar pessoal está incluído no melhor para todos e é reconhecida por isso.

Por fim, busca por novas **fontes de conhecimento**. Está sempre inovando, pensando de forma disruptiva, sendo criativa. Ao beber de diferentes fontes do conhecimento, se enche de possibilidades para serem partilhadas em conjunto. Não guarda as ideias apenas para si, pois o conhecimento precisa estar em várias mentes, agindo em conjunto para que possa se expandir e tomar forma.

A artista plástica Yoko Ono escreveu a seguinte frase: "Um sonho sonhado sozinho é um sonho. Um sonho sonhado junto é realidade". Eu acredito que bons líderes, aqueles que se destacam, conseguem motivar pessoas a acreditarem no mesmo sonho que eles. Conseguem engajar outras pessoas a viverem esse sonho juntos. E é assim que vejo o sonho do Clube de Livro acontecendo e se expandindo por todo o país.

Busco aperfeiçoar essas habilidades de liderança tanto no Clube de Livro, no meu ambiente de trabalho, com as minhas alunas de mentoria, como dentro da minha casa com a minha família. Afinal, um líder não deixa de ser líder só porque mudou seu núcleo de atuação.

> Aonde quer que você vá, as suas competências e habilidades te acompanharão. Veja isso como uma oportunidade de exercê-las e se tornar excelente naquilo que você já faz muito bem. Isso irá compor sua identidade.

É aqui, no Clube de Livro, que você pode ser livre, e ser quem você quiser ser. É o lugar de confirmação de identidade das mulheres líderes, e das não líderes também, tem espaço para todas. Venha conosco!

CAPÍTULO 33

SOU QUEM SOU E SOU O QUE HERDEI

Carmem Rita Sampaio de Sousa Neri

"Ajuntei todas as pedras que vieram sobre mim. Levantei uma escada muito alta e no alto subi. Teci tapete floreado e no sonho me perdi. Uma estrada, um leito, uma casa, um companheiro. Tudo de pedras. Entre pedras cresceu a minha poesia. Minha vida. Quebrando pedras e plantando flores."
—— **Cora Coralina** ——

Chamo-me Carmem Sampaio, sou filha de Edisio Francisco de Sousa e Maria de Fátima Sampaio de Sousa. Fui uma criança muito desejada e amada por meus pais, que sempre me cercavam de muito carinho, proteção, disciplina e educação. Da minha mãe, herdei boa parte de quem eu sou, portanto, a partir dela, vou aprofundar a minha identidade originária na minha herança familiar.

Minha mãe era bancária, trabalhava o dia inteiro, e se dedicava muito no exercício da sua profissão. Era sempre a primeira a entrar e a última a sair do emprego, tentava ser sempre a mais eficiente, e o resultado dessa dedicação eram os prêmios, as promoções e cargos novos em cidades diferentes, e assim ela ia se realizando profissionalmente. Nesse meio-tempo, ela também se dedicava à família, na minha criação e do meu irmão, no amor ao meu pai (como ela o amava!) e no bem-estar de toda a família e amigos que a rodeavam.

Cresci vendo a bondade e a satisfação de minha mãe em estender a mão para quem cruzasse o seu caminho, algum parente, os amigos dos parentes, os desconhecidos, e nós, a família, que era o seu bem mais precioso. Minha mãe não media esforços para ajudar as pessoas, e, para completar a sua boa ação, não gostava que ninguém falasse sobre o bem que ela fazia, ela mesma não dizia. Assim, cresci com a minha casa sempre cheia de gente: gente parindo; gente doente sendo cuidada; casais em reconciliação; primos e filhos de amigos que vinham morar em nossa casa, e, assim, poder estudar num bom colégio... Nossa casa era um lugar de apoio.

Minha mãe era a quarta de sete filhos. Sua mãe, a Vovó Carmelita, ficou viúva aos 35 anos, com todos os filhos pequenos, e os criou sozinha, com a ajuda de parentes e amigos, costurando para fora. Assim que os filhos cresciam e terminavam os estudos, pois Vovó fazia questão que todos os filhos estudassem, já procuravam uma forma de ajudar em casa. Mulher de força, coragem, determinação, pulso forte, acolhedora, assim posso descrever a minha avó, que, com muita maestria e sofrimento, conseguiu conduzir a sua família enquanto pôde.

Assim foi também com a minha mãe, pois, antes mesmo de concluir os estudos, ela já era professora no mesmo colégio em que estudava e tudo que ganhava entregava à minha avó para manter a família. Ela não cursou uma faculdade, mas conseguiu passar em vários concursos, escolhendo ser bancária, porque, como ela mesma um dia me disse, teria como ganhar bem para ajudar a sua família. Esse era o seu desejo.

De fato, ela ajudou e se dedicou a todos os familiares. Ajudou a criar seus sobrinhos como filhos, pois tudo que eu e meu irmão tínhamos ela também dava a eles. Foi madrinha de batismo de quase todos, dava sempre as melhores roupas e brinquedos. Era responsável pelas férias dos primos na casa da vovó, pois era um prazer tê-los ali, comendo (e como comíamos!) e se divertindo, nos curtindo e, principalmente, satisfazendo a minha avó, a quem minha mãe nunca recusava nada.

Foi assim, vendo essa dedicação, o amor pela família, a bondade e solidariedade escondida nas atitudes, que cresci.

Guardo em minha memória mais afetiva esses dias de férias na casa da vovó Carmelita, que cuidava tão bem de todos, tentava satisfazer e acolher cada um de nós (e olhe que em algumas férias havia mais de quarenta pessoas lá), mas, a principal característica da minha avó era nos fazer comer sem parar: sempre oferecia mais um prato de comida, um café com leite e pão com nata (que ela passava os meses anteriores juntando, e era motivo de disputa entre nós), e tínhamos que comer para tranquilizá-la. É uma saudade misturada com choro de gratidão que sinto ao escrever essas memórias que se tornaram, em parte, a minha herança mais rica!

Ao chegar na idade adulta, tive que escolher qual profissão seguir, e não tive dúvida da escolha, pois uma pessoa que cresce em um ambiente com tanta demonstração de amor, cuidado, preocupação com o outro, e empatia, tinha que escolher uma profissão que comportasse esses pilares, por isso escolhi a enfermagem.

> Na escolha da minha profissão, minha mãe falou uma frase que nunca esqueci: "Você puxou a mim, mesmo, para gostar de ajudar os outros".

Ela me ajudou a concretizar esse plano, pagou minha faculdade, se preocupava com meus estudos como se eu estivesse no ensino fundamental, enfrentamos todas as dificuldades para conseguir esse diploma, mas conseguimos! E, no dia da minha formatura, ela estava lá, vibrando comigo e dizendo o tamanho do orgulho que sentia em me formar para ser a "doutora da família".

Sempre fui a "doutora" dela, ao ajudar a cuidar de amigos, como a amiga que veio do interior cuidar dos rins e acabou tendo um acidente vascular cerebral em sua casa, e ficamos internadas com ela, até o óbito inevitável.

Estive presente também durante todo o adoecimento da minha avó, que, após um acidente vascular cerebral ficou acamada. Eu e minha mãe nos dedicávamos no tratamento das lesões de pele, das infecções urinárias e das pneumonias, até o dia em que ela amanheceu para trocar as fraldas de minha avó e trocaram o último olhar, pois assim minha avó se foi, como um passarinho. Sofremos juntas, choramos juntas... Uma parte da nossa herança ia embora, mas guardamos em nossos corações todas as heranças deixadas por vovó Carmelita.

Cuidamos também dos meus tios, que faleceram em seguida, e a quem ela sempre me pedia para não abandonar, e fazer tudo que tinha que ser feito, e assim eu fiz... Até o fim! Honrei o título de "doutora da família", não por mérito, mas sim por essência e por satisfação em servir, sendo essa essência herdada dela mesma.

Após a partida da minha avó, foi a vez de cuidar da minha mãe, pois descobrimos uma diabetes que nada era capaz de controlar, principalmente porque a coisa que a minha mãe mais gostava de fazer era comer. Isso foi motivo de muitas brigas, internações, novas medicações, insulina, pois ela dizia que eu era muita exagerada: "Oh, Carminha exagerada!!!". Tentei ser a enfermeira dela, também a médica, a psicóloga, a nutróloga, a nutricionista, a fisioterapeuta e a educadora física, mas ela não me escutava.

Mas a melhor versão da minha mãe foi, definitivamente, sendo avó. Ela era uma versão mais intensa da minha avó, estava sempre cuidando exageradamente das minhas filhas (as bonequinhas dela) e dos meus sobrinhos, com muito amor, carinho, tempo, atenção, presença e, claro, muita comida. Para ela ficar bem, as crianças tinham que estar bem alimentadas, nem que fosse com as besteiras que queriam comer. Não deixava elas correrem (pois podiam se machucar), pular (porque podiam quebrar o braço), nadar (Deus as livre do afogamento!), tudo muito intenso.

Ela cuidava tão bem das meninas, que elas acabavam cuidando dela também, pois eram as fiscais da dieta da vovó, e me contavam tudo que ela comia e fazia, herdando também o papel de cuidadoras da avó, como fui com a minha.

> **A herança da identidade ancestral sempre passa de geração a geração.**

Em 2022, perdi a minha mãe, meu poço de identidade ancestral, minha essência, minha fortaleza... Como fiquei destruída ao ver minha mãe partir! Mas, nos seus momentos finais, eu lembrava a cada instante de uma frase que me dizia: "Carminha, quando eu morrer não quero ver você chorando não, nada de ficar depressiva, seja como eu, chorei, mas segui em frente quando perdi a mamãe". E fui, não sei de onde tirei força, mas fui... Na verdade, até sei de onde tirei essa força: dela! Ela estava do meu lado, me fortalecendo e me ajudando a fortalecer quem ela deixou.

No meu coração só guardo gratidão por ter tido ela em minha vida, por ter sido alimentada com toda essa herança positiva vindo dela, por todos os ensinamentos, por ter me construído e me alimentado de tão nobres sentimentos e vivências.

Hoje, depois desse relato, posso concluir que sempre tive referenciais que herdei de identidades ancestrais significativas, que tiveram a sua importância para construção de meu eu, pois tive ao meu lado mulheres fortes, determinadas, resilientes e, principalmente, amáveis, que tinham a família como principal elo de união e fortaleza. Enxergo-me repetindo aspectos positivos herdados, tais como a dedicação pela minha família, a generosidade nas relações construídas, na empatia, na determinação nos próximos passos.

Espero estar passando esses pilares para as minhas filhas, tanto pelos ensinamentos, como pelo exemplo desses momentos que faço questão que presenciem. Senti que estou traçando o caminho certo quando escutei umas das minhas filhas falar para a avó delas: "Vó, vou trocar a sua fralda quando você estiver velhinha". Nesse dia, meu coração se enriqueceu de gratidão e coragem para continuar a trilhar esse caminho que herdei.

Então, escrevo esse relato para que as mulheres que o lerem possam fazer a experiência de identificar os poços de suas heranças ancestrais, para que, assim, consigam identificar a origem de sentimentos e comportamentos, pois acredito muito que somos o resultado de toda relação que construímos e vivemos no decorrer de nossas vidas; somos um pouco de todos que passaram por nós, nos aspectos positivos, mas também pelos negativos, que nos fazem ressignificar esses episódios e construir um ser diferente de quem nos fez vivenciar momentos ruins.

Converse com seus pais, com seus avós, com seus tios e tias; observe comportamentos, histórias vividas, e verá que a nossa herança ancestral fala muito sobre nós, reproduz muito a nossa essência. Assim, poderá compreender como se fortalecer mediante situações, sentimentos, aflições e relações com o outro. Sem dúvida, será um momento enriquecedor de construção e ressignificados.

Sigo na busca pelo meu autoconhecimento, minha identidade, e o Clube de Livro está me ajudando a enriquecer o meu autoconceito através de leituras engrandecedoras, bem como a partilha de experiências e, principalmente, pela escrita de sentimentos e vivências, tanto minhas quanto de outras mulheres que se admiram, se ajudam e que se leem.

Acredito muito no poder do conhecimento, no poder da leitura, no poder do respeito mútuo, e isso aprendi também com a minha mãe.

CAPÍTULO 34

IDENTIDADE EM MEIO À LIBERDADE

Flávia Diniz Diógenes

"Liberdade é pouco. O que eu desejo ainda não tem nome."
—— Clarice Lispector ——

Ser do interior nunca me limitou. Sempre gostei muito de descobrir e provar coisas novas. Então, em toda oportunidade que tinha, saía de lá para passar as férias com meus tios ou tios-avós. Estava sempre atrás de experiências, pois gostava de contar para meus colegas e compartilhar tudo com eles, até para ver se despertava neles a curiosidade que tanto havia em mim, mas isso nem sempre foi bem recebido ou compreendido.

Ainda gosto de compartilhar, mas já não espero acender em ninguém a mesma chama que acende em mim.

Sempre fui a desenrolada, a que desbravava, a que não tinha medo, a que topa tudo, a independente e com senso de direção, proporção e comparação aguçados. Essas características levavam minha tia Tereza a me deixar brincar sozinha na praia, eu ia caminhando, olhava pra trás e via (ou pensava que via) minha tia com o biquíni preto, sua prima de biquíni floral amarelo com laranja e fundo preto, andava, e checava e ia fazendo bolo de areia para os meus amigos do mar. Andava um pouco mais, checava e continuava, até que, ao olhar para trás, vi muitas mulheres com o biquíni parecido (era a moda da época), mas o cenário estava diferente, agora tinha uma barraca enorme lá atrás, coisa que não tinha antes. Resultado: eu tinha me perdido! Durou horas!

Lembro-me como abordei um casal de idosos e perguntei se conheciam minha tia, lembro do gosto do picolé que chupei, da areia quente nos pés quando fomos procurar minha tia e, lembro, claramente, que eu falava que estávamos indo para o lado oposto onde minha tia estava, mas fui ignorada. Quando os vi conversando que tinham que ir embora, falei: "eu moro na 13 Lauro Maia". Juntei o nome de duas ruas que sempre escutava os adultos falar, e eles falaram que sabiam onde era… Foi nesse momento que vi minha tia perguntando sobre mim às pessoas que estavam ali, tentei correr, mas a senhora me puxou pelo cabelo (o senhor era bem mais amigável). Comecei a gritar e assim fui encontrada. Tinha quatro anos.

Antigamente, era muito comum os pais mandarem os filhos para a capital para concluir o ensino médio; na nossa família, essa cultura começou pelo meu bisavô, um homem humilde, mas visionário. Ele mandou as filhas para estudar em Fortaleza. Na época, teve que enviar um dos irmãos para tomar de conta da minha avó, Adaulice, e de sua irmã, Francisca, e acabou que isso virou algo cíclico na minha família.

Com o passar do tempo, a concorrência nas faculdades aumentando, começou a perceber a necessidade de enviar o seu filho o quanto antes, então, na minha vez, vim para a capital cursar a oitava série. Com as experiências que minha avó e sua irmã tiveram, ao morarem na casa de tios muito rígidos, ao ponto de que, se não estivessem à mesa às 18h, não podiam comer mais nada durante a noite toda… Depois disso, minha avó jurou que seus filhos não iam passar pelo que elas tinham passado, e comprou um apartamento para seus filhos irem morar na capital.

Quando fui para lá, ainda morei no apartamento dos meus avós com minha tia Tereza, até o meu pai adquirir o nosso. Mas minha experiência morando com minha tia foi maravilhosa e muito engraçada, pois nossa relação era quase de igual para igual, mesmo com idades distantes, era uma relação de total liberdade, respeito e cumplicidade. Com ela, aprendi a ter mais consciência de quem eu era e quem queria ser.

> Desde sempre, era como se soubesse o que a liberdade poderia me proporcionar e a responsabilidade que vinha junto.

Eu sabia que, no momento em que perdesse a confiança dos meus pais, perderia tudo. Então, sempre fui muito coerente nas minhas decisões, lembro-me que era uma febre "gazear" aula, pular o muro e fugir das aulas, e, para mim, não fazia sentido aquilo, porque, na minha cabeça, bastaria ligar para minha tia e pedir permissão para sair da sala de aula. Eu não via sentido algum em fazer nada escondido, nunca precisei disso, pois tinha liberdade de expressar minhas vontades dentro de casa desde cedo.

Nessa época, ir a um show com minha idade não era proibido, a bebida não era fiscalizada e a droga entrava com força na nossa sociedade; tinha por volta de treze anos, mas nunca fui para esse lado de testar meus limites ou provar de tudo, aliás, sempre lembrava da minha avó falando: "não tome resto do copo de ninguém e nem saia de perto do seu" e a sensação que tinha era como se tivesse um controle dentro de mim; as consequências eram minhas, então, nunca passei além da conta fora de casa.

Essa liberdade que eu tanto prezava e tinha medo de perder me trouxe muita responsabilidade desde cedo, e isso ficou ainda mais concreto quando assinei o documento de emancipação dos meus pais, aos catorze anos, pois, a partir dali, eu teria autonomia e espaço para explorar tudo o que desejasse.

Percebo hoje que, além da responsabilidade comigo mesma, também foi "implantado" (e eu aceitei, pois pensava que vinha no pacote) a responsabilidade com os demais. Então, era eu que sabia os melhores lugares, a que organizava as festas para todo mundo, quem levava ao médico, quem decidia qual carro comprar para mim e para toda a família. A propósito, também fui eu quem escolhi o apartamento para meu pai comprar.

Essa ideia de honrar a liberdade e a autonomia que eu tinha adquirido, me trouxe junto a sensação de deveres. Comecei a dirigir muito cedo, logo em seguida, ganhei meu primeiro carro, então, me virava em mil para deixar e buscar meus primos na escola, levar minha avó ou minha mãe ao médico, acompanhar minha mãe em uma cirurgia, resolver afazeres de casa, e muitas outras coisas que hoje me pergunto como consegui fazer isso tudo com faculdade, cursos e estágio.

Mesmo sabendo que estava fazendo tudo que podia, quando não dava a assistência a alguma demanda, me sentia culpada.

A escolha pela arquitetura nunca foi questionada, e não teve influência de nenhum familiar. A minha escolha foi visual, afetiva e social. Aos quatro anos, vi a casa da minha avó sendo construída, o projeto foi de uma arquiteta e sobrinha do meu avô. Eu me lembro de segurar a mão dele e entrar na casa pisando na fundação, depois, vi os revestimentos sendo instalados, o teste da piscina, o pessoal fazendo o jardim... E depois, com a casa pronta, perceber os detalhes, o tamanho das janelas dos quartos, o jardim de inverno, tudo no intuito de melhorar a nossa permanência dentro da casa, e isso me deixou muito fascinada. Eu via sentido nisso, então foi algo natural.

Minha mãe, uma vez, me lembrou que eu sempre tive muita aptidão para trabalhos manuais da escola, e é algo que tento resgatar sempre, seja pintando, esculpindo ou até mesmo elaborando algum presente. Acredito que as coisas foram se encaixando.

Confesso que o período da faculdade foi bem traumatizante, pois tive professores que não respeitavam minha liberdade de criar; minha sensação é que eles queriam me deixar em um casulo, ou me enquadrar no que todos faziam, e isso eu não aceitava.

> Não vejo a liberdade como um status ou como não dever satisfação. Para mim, liberdade é ser livre para viver, experimentar, escolher, estar em outro lugar, se jogar no mundo e aproveitar tudo que a vida tem para oferecer.

Sempre busquei sentir, ver, provar ou imaginar as coisas e, por muito tempo, consegui isso nos livros, pois ao ler qualquer obra, entrava na história, no sentido de me transportar em um personagem e vivenciar o cenário da narrativa.

Mas, dentro de mim, algo sempre me disse que eu precisava ver com os meus próprios olhos, e a arquitetura me proporcionou isso quando passei em uma seleção para estudar em Lisboa. Esse foi só um pontapé para eu começar a explorar outras cidades, culturas, pessoas, artes, tudo o que sempre vi nos livros.

Na época do meu retorno, as pessoas perguntavam por que estava voltando, por que não concluía meus estudos por lá, ou por que não construía minha vida lá fora. Para mim sempre foi muito fácil responder: porque sempre poderei buscar, aprender ou visitar lá fora, mas eu precisava voltar para a minha casa, para a minha cidade, para as minhas raízes, ter contato com minhas memórias e pessoas.

> **Liberdade não foi algo que me fez quebrar laços ou esquecer meu passado, pelo contrário, acho que fortaleceu a minha necessidade de voltar para o meu lar, para minha família.**

Esse retorno para casa é tão presente na minha vida, que, no último ano, uma situação nova caiu de paraquedas sobre mim e sobre meu primo, realmente não esperava entrar tão cedo na direção da escola da minha avó, mas precisamos fazer isso, pois minha tia faleceu de forma inesperada. Se tratava de uma escola familiar, idealizada pelo meu bisavô e realizada pela minha avó e sua irmã. A visão do meu bisavô em enviar as filhas à capital para estudar resultou na construção do Colégio Clóvis Beviláqua. No ano de 2023, comemoramos os 75 anos dessa instituição educacional sólida, tradicional, respeitada, muito bem-vista pela cidade de Jaguaribe.

Somos a terceira geração à frente desse império, e falo império não pela riqueza ou pela estrutura (já que sou apaixonada pela arquitetura do colégio), mas pela história, pela realização de muitos sonhos, de muita luta, pelas muitas idas e vindas da minha vó para a capital atrás das formações, pelo bater de porta em porta na casa de parentes ou das famílias ricas para pedir ajuda com a construção do colégio, de saber que ele já foi derrubado por uma enchente do açude Orós, enquanto era construído, mas que nunca ninguém desistiu dele.

Estamos tomando posse do lugar pelo respeito, pela memória, por acreditar que tudo começa com uma base bem-feita nos estudos, na convivência e no estímulo à leitura.

É assim também que vejo o Clube de Leitura.

Já conhecia Alyne de outros projetos e, quando vi a oportunidade de partilhar, me conectar com outras pessoas e viajar com elas através de livros, isso fez com que me empolgasse para participar. Me encanta, cada vez mais, a força com que é feito, as dinâmicas do grupo, os encontros... Nosso clube é diferente de qualquer clube tradicional de leitura. Ele se tornou um refúgio, um aconchego, um local de apoio e troca, uma família.

Vejo que as pessoas dizem ter liberdade, mas não as vejo sabendo usufruir dela. Muitos confundem ser livre com poder fazer tudo, sem cuidado consigo ou com os outros. E vivem sem sabedoria e direcionamento, não medem as consequências ou limites. O meu limite sempre foi muito claro, sem ninguém precisar dizer nada: não podia perder a confiança dos meus pais, pois sabia que, na hora que a perdesse, teria que voltar para o interior e viver uma vida limitada. E isso nunca foi para mim.

CAPÍTULO 35

A IDENTIDADE DO FEMININO EM UM AMBIENTE MASCULINO

Izabel Serejo Lima

*"Sozinhos, pouco podemos fazer;
juntos, podemos fazer muito."*
—— Helen Keller ——

Eu, Izabel Serejo Lima, nasci no início da década de 1980, sou a primeira filha do Seu Aldenor e da dona Tereza, tive uma infância feliz ao lado dos meus três irmãos. Nasci em Maranguape, mas passei a infância praticamente toda no município de Maracanaú, localizado na região metropolitana de Fortaleza, onde ficava nossa primeira casa própria.

Antes, havíamos morado em pelo menos onze casas em bairros diferentes. O ano era 1984 e eu tinha, exatamente, quatro anos. Meu irmão mais velho era André, tinha cinco anos a mais que eu, Eduardo era o do meio, assim como eu, mas era dois anos mais velho e Filho era o caçula, dois anos mais novo. Nessa época, tudo era bom, a dificuldade podia até ser grande, mas a felicidade também disputava esse lugar.

Minha mãe, para as pessoas da rua, era uma revolucionária, pois, como costumavam dizer, "trabalhava fora", o que naquela época ainda era incomum. Ela acordava na madrugada para fazer o almoço e deixar tudo prontinho para mim e meus irmãos. Chegou a trabalhar limpando, mas foi como costureira que se profissionalizou. Sempre foi uma mulher forte, guerreira, de história sofrida, mas de muita superação. Cada gesto de cuidado dela, cada palavra de aconselhamento, vinham carregados do medo de passarmos na vida pelo que ela passou. Era uma forma de amor. Acho que herdei dela esta forma de amar, o cuidar.

Sentimental, acanhada, sempre buscava o carinho dos filhos quando chegava à noite, cansada, após um dia de trabalho. Era exigente sobre nossos estudos, nos incentivava a buscar o 10. Ela saía de casa pela manhã, bem cedinho, e meu pai chegava depois, era vigilante noturno. Ele era mais carrancudo, mais fechado, mas cheio de histórias. Lembro que eu amava ouvir as histórias que contava sobre política. Sabia os nomes dos presidentes do Brasil de cor, em ordem de seus mandatos. Passávamos o dia com meu pai em casa, era ele quem dividia as tarefas, quem arrumava os quartos, quem lavava as louças, e nós seguíamos à risca as orientações dele.

Acho que veio daí meu senso de organização e liderança. Assim como meu pai, faço isso de forma bem discreta, não costumo impor, mas os familiares, amigos e colegas me têm como alguém que aconselha, orienta, ajuda. Acredito que carrego a missão de maternar por onde passo. Ajudar os outros é quase inerente a mim. Confesso que tenho buscado um equilíbrio nesse sentido, ajudar, mas incentivando a autonomia. Aliás, sou fã dessa palavra. Sou uma incentivadora nata da capacidade de fazer por si próprio.

Sempre fui muito determinada. Desde mocinha, quando queria algo, ia lá e buscava. Comecei a trabalhar cedo, aos dezesseis anos já dei os primeiros passos no mercado de trabalho. Ler e estudar era característico em mim desde a infância. Não via como obrigação, tinha satisfação em fazê-los. E assim é até hoje. Não precisa haver um critério específico, leio sobre tudo, estudo sobre o que for. Basta nascer em mim o interesse sobre o assunto. Cursos, fiz diversos, sobre as mais variadas áreas. Levei um tempo para me encontrar profissionalmente, ou ainda para aceitar essa minha vocação para o cuidar.

Quando decidi fazer um curso superior, me encantei pelo jornalismo, pois sempre gostei de ouvir e contar histórias. Me encantam os personagens da vida real, acredito que cada um de nós conta uma história. Mas, no decorrer do curso, não senti que seria essa a profissão que me definia. Porém, tudo que começo, gosto de concluir, então segui com o curso, até atuei na área, mas meu coração ainda continuava a ansiar pela profissão que me identificaria como pessoa.

Mais tarde, me encontrei na educação, na missão de ensinar e formar pessoas. Cursei pedagogia e, atualmente, sou professora da rede pública de ensino. Tem sido minha área de estudos, pesquisas, criação e satisfação, desde 2017.

Ainda quando cursava pedagogia, conheci meu esposo; foi um encontro mágico, daqueles com borboletas no estômago e perna bamba. Olhei para ele, e tudo ao redor desapareceu. Foi na festa de aniversário da filha de uma amiga, professora da escola em que trabalhava como agente administrativo. Ele era tio da aniversariante. Depois daquele dia, começamos a conversar pelas redes sociais, até marcarmos um encontro, novamente na casa da irmã dele. Conversamos na calçada noite adentro, parecia que nos conhecíamos há anos. Na despedida, nos beijamos, e nosso amor teve continuidade, nos levou até o altar. Nove meses depois, estávamos casados.

No ano seguinte nascia nossa primeira filha, Maria Eduarda. Dois anos depois, eis que veio João Bernardo, meu caçula. A partir do nascimento dos meus filhos, em que me percebi como mãe, me reconectei com minha infância. Com os vários momentos vividos, com falas de minha mãe quando precisava me corrigir, ou não me deixava fazer algo que eu queria e eu ficava chateada... Ela costumava dizer: "quando você for mãe, você vai entender, minha filha". Durante um bom tempo da minha vida, tive conflitos com minha mãe, muitos de opinião, divergências de pensamentos. Minha mãe é mais emotiva, gosta de contato físico, carinho. Já eu, sou mais racional, costumo demonstrar meu afeto em atitudes de cuidado, proteção, ajuda, lealdade. Antes de ser mãe, realmente não entendia muitas coisas. Mas ela estava certa.

Ao me reconectar com a minha infância, identifiquei um tempo de alegrias, diversão, cumplicidade e lealdade, entre mim e meus irmãos.

Tínhamos até codinomes, éramos muito unidos. Se fosse preciso, um levava a bronca por todos em algum malfeito, mas não se dedurava um irmão. Com eles, eu brincava de tudo, de polícia e ladrão, de desfile de 7 de setembro com instrumentos feitos de descarga de água quebrada, tampas de panelas, caixas de papelão, de fazer esculturas com barro, de cidade de papel no chão. Passávamos o dia recortando imagens e brincando com elas; todo dia tinha um novo enredo, construíamos um novo capítulo naquelas figuras de papel que deslizávamos no chão.

Contávamos histórias, muitas das quais gostaríamos de viver, mas que se distanciavam da nossa realidade. Bila, pião, pé na garrafa, pega-pega, estrelinha, havia sempre lugar para mim nas brincadeiras com meus irmãos. Mas, de vez em quando, também brincava de bonecas com minhas amiguinhas. Bonecas estas que, quando meu irmão caçula e eu arengávamos, era nelas que ele se vingava. Pobres de minhas bonequinhas. Era choro certo.

Basicamente, cresci rodeada de meninos, eram meus irmãos e, também, os amigos de meus irmãos, além do meu pai, que era o adulto de referência para mim. Era quase como brincar de *Branca de Neve e os Sete Anões*.

Mas, em meio a lacinhos para cá, florezinhas para lá e coraçõezinhos, eu me evidenciava como menina. Minha identidade era construída. Sempre gostei de coisinhas meigas, muito embora minha personalidade não fosse essa. Mas tudo que era rosa e enfeitado eu gostava. A conexão com o ambiente onde crescemos pode nos ajudar a identificar as raízes da nossa identidade.

> O ambiente masculino em que vivi com meu pai e irmãos ajudou a influenciar meu lado mais objetivo, racional, prático, altivo, líder. Carrego comigo essa característica de não ser melindrosa, de ser mais durona, de encarar os desafios da vida de frente, sem hesitar.

No entanto, quando meus filhos nasceram, algo mudou em mim. Algumas destas características foram ressignificadas ou atenuadas. Com o nascimento de Maria Eduarda, passei a repensar como me relacionava com minha mãe. A partir da Duda, me dei conta do quão divino é o maternar. Eu descobri um amor que não cabia só no peito. Ele se alastrava em tudo o que eu fazia. Tudo remetia também a ela. Eu já não era mais só eu.

Isso me fez refletir sobre como minha mãe também deveria ter esse sentimento sobre mim. Passei, então, a ponderar tudo o que antes não tolerava nela. Me interrogava como seria doloroso sentir que um pedaço de você rejeita algo em você mesmo. Não, eu não queria aquilo para ela. Como não podia mudar as atitudes ou pensamentos dela que me desagradavam, decidir mudar como eu percebia essas atitudes e pensamentos. Não era sobre ela, na verdade, era sobre mim, sobre a minha, de repente, intolerância.

Com o nascimento de João, nosso "abracinho", pois ele ama abraçar, me permiti ser mais afetuosa, não só com minha mãe, mas de uma forma geral. Acredito que, talvez pelo fato de ter crescido num ambiente mais masculino, com as quase inexistentes trocas de carinho, sem o convívio constante com minha mãe ao longo do dia, eu tenha me configurado assim, mais parecida com meu pai. Mas que intrigante perceber e decidir virar essa chave, justamente a partir da atitude, da prática afetuosa do abraço do meu filho, um menino.

Depois que entendi isso, as trocas de carinho, de afeto, declarações de amor constantes entre mim e meus filhos são coisas que busco consolidar todos os dias.

Minha mãe, apesar de as circunstâncias a terem levado ao trabalho, e de não poder estar tão presente no dia a dia comigo e meus irmãos, sempre foi uma mãezona, daquelas que tira a roupa do corpo para vestir um filho, se preciso for. Lembro que, aos domingos, único dia da semana em que ela estava de manhã em casa, cedo começava a lavar as roupas de todos, na mão, no tanque. Ela sempre me passou a imagem de força. Priorizava os afazeres de casa, era cuidadosa conosco, aproveitava o dia de descanso do trabalho para zelar pelo nosso bem-estar. Dia de domingo era dia de almoçar depois das 14h, porque era muita coisa a colocar em ordem para a semana inteira.

Hoje, me vejo, em alguns momentos, meio parafraseando minha mãe na vida. Paro e penso, *nossa, como somos, na verdade, bem parecidas*.

Minha história de vida me levou a ser quem sou hoje. Na minha infância, época em que minha realidade era totalmente diversa da realidade das minhas amiguinhas, que tinham a mãe dona de casa, sempre perto, eu tive meu pai, que me despertou o gosto por histórias, me ensinou o quão importante é a confiança de um amigo, a lealdade. São valores que carrego comigo até os dias de hoje.

Já minha mãe me ensinou, mesmo com seu jeitinho acanhado, que não existem barreiras que não possam ser ultrapassadas, que da necessidade nascem a vontade e a força para fazer o que preciso for. Que pela educação é possível suavizar o caminho para conquistar coisas que, aparentemente, estão distantes da nossa realidade.

Meu pai, com a prática de contar histórias, a maioria reais, e minha mãe, sempre incentivando os estudos, não podia ter sido diferente, nasceu em mim o gosto pela leitura.

Comecei a ler aos seis anos de idade e não parei mais. Profissionalmente, a leitura está presente na minha vida nas contações de histórias infantis e nos estudos e pesquisas. Nos momentos de lazer, minhas leituras preferidas são os suspenses e os romances. Neste gosto pela leitura, fui apresentada ao Clube de Livro.

Quando conheci a proposta, me encantei. Receber indicações de livros e, ainda, ter a possibilidade de comentar com outras leitoras sobre as obras lidas. A ideia de mulheres intelectualmente ativas me fascinou. Li o primeiro livro e foi maravilhoso poder compartilhar minhas considerações com aquelas mulheres que nunca havia visto antes, em um encontro de tanta leveza, que até parecia que já as conhecia. As trocas fluíram tão bem, me senti tão aceita, que parecíamos uma família.

É essa a impressão que tenho do Clube de Livro, é um espaço de trocas de vivências, de construção de identidade, uma identidade familiar para nós, mulheres. Poucas pessoas que conheço acessaram lugares em mim que, a partir das leituras, as mulheres do Clube de Livro conseguiram visitar.

> Assim, compartilhando pensamentos e histórias, nos tornamos mais que um RG, criamos identidade feminina.

CONCLUSÃO

MULHERES QUE SE LEEM SÃO ÚTEIS À SOCIEDADE E A SI MESMAS

Maria Cecília é uma mulher casada, de meia-idade e com dois filhos, uma menina e um menino adolescente. Encontra-se satisfeita com a profissão que escolheu e com o cargo que ocupa, embora sempre apareçam problemas a serem resolvidos no seu ambiente de trabalho.

Dedica-se ao marido, aos filhos, aos pais, às amigas, às vizinhas, a todo mundo. No entanto, em alguns momentos, Maria Cecília gostaria de ser cuidada, e não de cuidar. Na verdade, ela até gosta de cuidar e faz isso muito bem. É quem se lembra do aniversário de todos. Quem organiza as festinhas surpresas. Quem chama e recepciona as amigas ou casais de amigos na sua casa. É quem leva a mãe ao médico. Quem assiste o filho no campeonato de futebol. Ela nunca reclama e está sempre disponível.

Maria Cecília está feliz a maior parte do tempo, mas sente que falta algo. Sente que precisa ser ouvida, compreendida, acolhida, abraçada. Ela sente falta de algo que não sabe nem explicar o que é. Apenas sente. Sente angústia, ansiedade, medo do futuro, da solidão, da morte, medo até do medo. Mas guarda tudo isso só para ela. Afinal, o que vão pensar de Maria Cecília, a mulher que sempre deu conta de tudo, mas não consegue controlar seus próprios medos e emoções?

Assim, Maria Cecília se isola, se esconde, se guarda. Na esperança de que um dia surja algo, alguém, um grupo, uma "tribo" ou comunidade de mulheres parecidas com ela, para que possa compartilhar os seus anseios, sem medo do julgamento. Para que se perceba evoluindo a cada dia e conquistando coisas novas com o passar dos anos; não apenas sendo engolida pela rotina, como inúmeras mulheres hoje em dia.

Essa é a história da Maria Cecília, personagem fictícia. Mas, assim como ela, existem milhares de brasileiras reais passando pelas mesmas situações. Com a vida ajustada ou não. Casada ou não. Com filhos ou não. Estáveis em suas profissões ou não. Financeiramente organizadas ou não. Não importam as características. Todas são mulheres e almejam algo: serem ouvidas.

Todas as mulheres querem ser ouvidas e ter suas ideias e argumentos compreendidos; querem se expressar de forma que consigam se comunicar, se sentirem pertencentes a algo maior do que elas mesmas, e saber que as ações executadas por ela estão sendo úteis a elas mesmas e à sociedade.

Foi exatamente para as muitas *Marias Cecílias* do nosso país que o Clube de Livro e a Comunidade de Mulheres Intelectualmente Ativas foi criado. Para ser esse lugar de conhecimento, aprendizado, partilha, reflexão, argumentação, mas também de acolhimento, entendimento, direcionamento, escuta e companheirismo.

Nesse clube de leitura exclusivo para mulheres, várias delas encontraram seus propósitos; fizeram as pazes com a sua criança interior; aprenderam a gerenciar melhor seu tempo; se aperfeiçoaram em oratória; desenvolveram suas inteligências; tomaram decisões importantes; tiveram coragem de sair de um relacionamento abusivo; aprenderam a pedir perdão e a perdoar; aprenderam a se amar primeiro; a colocar Deus no centro das suas vidas; a organizar sua rotina; a driblar o seu ego; a não abandonar projetos no meio do caminho; a cultivar relacionamentos saudáveis, e muitas outras inúmeras atitudes transformadoras.

Tudo isso não ocorreu em sua totalidade com todas as integrantes, nem necessariamente nessa ordem, mas a maioria delas, as que estavam engajadas em ler pelo menos um livro a cada mês, a participar dos encontros mensais, a colaborar nas atividades propostas e partilhar do seu conhecimento, tiveram resultados espetaculares, ao ponto de transbordar para a escrita deste livro.

Essas mulheres deixaram de ser passivas em relação à leitura e começaram a produzir escrita. Deram um passo a mais, caminharam a milha extra.

Mulheres que se leem são mulheres corajosas; que decidiram olhar para dentro de si, de forma tão profunda, que precisaram compartilhar o que encontraram: aquilo que precisava ser expandido, extravasado. Precisava ser lido.

Cada página desta obra revela um trecho da estrada da vida de cada uma dessas mulheres fortes, que nos inspiraram nesta leitura, e que poderão nos inspirar por muitos outros momentos. Tenho certeza de que alguma delas se parece com você, por isso te desafio a entrar em contato com a autora com quem mais se identificou, e dizer para ela o quanto a mensagem transmitida te tocou e te incitou a viver uma nova você.

Mulheres que se leem também são mulheres que se escrevem. E essas habilidades de se ler e se escrever não são exclusivas das autoras das duas coletâneas produzidas por nós, escritas por mulheres intelectualmente ativas. Essas habilidades estão disponíveis a você também, basta dar o primeiro passo em direção à sua intelectualidade, e entrar em um clube de leitura que será um verdadeiro divisor de águas em sua vida.

Caso esteja pensando…

"Ah, mas eu não gosto de ler livros, na verdade nem tenho tempo para isso."

"Ah, acho que isso não é para mim, não sou tão inteligente assim."

"Ah, vou me sentir deslocada, já que não conheço ninguém lá."

"Não sei. Acho que um dia eu penso em ir conhecer, mas não nesse momento."

Vou te dizer uma coisa. Todas essas crenças que te acompanham já foram vencidas por mais de cem mulheres que deram um passo de coragem e entraram no Clube de Livro, como leitoras. Hoje, dezenas delas são escritoras publicadas, que deixaram seu legado registrado para a eternidade, nos dois livros lançados pelo Clube de Livro: *Mulheres que se escrevem*, publicado em 2021, e *Mulheres que se leem*, publicado em 2023.

No final da sua vida, provavelmente, você preferirá se arrepender pelo que fez, mais do que pelo que deixou de fazer, pois, pelo menos, tentou. Saber que você deu o seu melhor, lutou o bom combate, e fez o que precisava ser feito. Aquele sentimento bom de dever cumprido, de que sua vida fez sentido para alguém e de que você não passou despercebida pelo mundo... Isso não tem preço.

Se, após ler esse livro, você perceber que se identificou como uma mulher intelectualmente ativa, e que estava esperando apenas esse chamado para vir fazer parte de uma comunidade que já é a sua, então, te convido oficialmente: vem fazer parte do Clube de Livro!

Alyne Christina Regis Moura
Presidente do Clube de Livro

APRESENTAÇÃO DAS AUTORAS

Alyne Christina Regis Moura

Nascida no Rio de Janeiro, mora no Ceará há mais de duas décadas. Nutricionista, neurocientista, escritora do livro *Como ativar o cérebro a partir do hábito*, palestrante e mentora do Clube de Livro e da Comunidade de Mulheres Intelectualmente Ativas. Ajuda mulheres a implementarem hábitos saudáveis, inclusive o da leitura.

@alyneregis | alynecrmnutri@gmail.com

Ana Carolina Maciel Jácome Vieira

Cearense, católica, graduada em odontologia (UFC) e especialista em odontopediatria. Atua hoje na saúde suplementar, fazendo gestão e consultoria em saúde. Crocheteira, bordadeira, pintora e chef em aprendizagem.

@anacarolinajacome | carol.mjv@gmail.com

Ana Cláudia Silva de Oliveira Cavalcante

Natural de Fortaleza, cristã, leitora, escritora, servidora pública, bacharela em direito (UNIFOR), especialista em direito público (FAERPI), desafiando-se em ministrar palestras e ama se conectar com pessoas.

@anaclaudia.cavalcante / anaclaudia_ac@yahoo.com.br

Ana Paula Pires Lázaro

Natural do Rio de Janeiro e residente em Fortaleza; católica, médica e docente do curso de medicina da Universidade de Fortaleza (UNIFOR). Ama sua família.

anaplazaro@yahoo.com.br

Anayana de Carvalho Pinheiro

Natural de Fortaleza, Ceará. Graduada em nutrição (UECE), bacharela em direito (UNIFOR) e licenciada em ciências biológicas (UNIF). Leitora que pretende desenvolver projetos para incentivar pessoas a desenvolver o hábito de ler.

✉ anayanadecarvalho@gmail.com

Bruna Keidna Lopes Francelino

Natural de Fortaleza, Ceará, cristã, leitora, gerente de vendas. Formada em administração de empresas, especialista em gestão empresarial (FGV), graduanda em psicologia. Leva palavras de conforto às pessoas no Instagram.

@brunaklopes | ✉ bruna.lfrancelino@gmail.com

Carla Núbia Nery Oliveira

Nascida em Porto Velho, Rondônia; reside em Fortaleza, Ceará. Advogada, conciliadora da JFCE, graduada em direito (São Lucas/Afya), gestão pública (Uninter/PR), especialista em direito constitucional (Damásio/SP) e direito tributário (IBET/SP).

✉ carlanubianery@gmail.com

Carmem Rita Sampaio de Sousa Neri

Natural do Cedro, Ceará, e residente em Fortaleza. Casada, mãe de três filhas, cristã, leitora, enfermeira, mestre em saúde pública (UFC), atua na área de pesquisa e de gestão em saúde.

@carmem.sampaio.338 | ✉ carminhaneri83@gmail.com

Cristiany Oliveira Brito

Nascida e residente em Fortaleza, Ceará. Cristã, atua com gestão de pessoas, tem graduação em psicologia (UNINASSAU), pós-graduação em psicanálise clínica, terapeuta em saúde mental, desafiando-se em palestrar.

@cristianybrito13 | britocristiany@gmail.com

Danielle de Almeida Rocha

Natural de Fortaleza, Ceará. Católica, advogada tributarista, atualmente cursando mestrado em direito (UFC). Ama cuidar de gente e incentivar para o bem.

@danielle_almeidar | daniellealmeidarocha@gmail.com

Débora Ayeska de Oliveira Santos

Da terra dos verdes canaviais, barbalhense, católica de fé, esposa, nutricionista, pós-graduada em nutrição clínica e em obstetrícia, pediatria e adolescência. Escritora.

@deboraayeskanutri

Edmara Monteiro da Silveira

Natural de Salvador, Bahia, e reside em Vila Velha, Espírito Santo. Cristã, autora do livro *Reflexões de uma viajante: uma jornada de fé e Cura*. Mentora de mulheres, palestrante, sócia da Neuroperformax,

@edmaramonteiro.oficial | www.edmaramonteiro.com.br

Eline de Sousa Marinho

Natural de Fortaleza, Ceará. Cristã, leitora, bacharela em direito, especialista em direito do trabalho e processo do trabalho. Atua como assessora jurídica e busca a realização de se tornar escritora.

@elinemarinho | elinemarinho89@gmail.com

Eloá Reginese da Silva Fonseca de Souza

Nascida em Bambuí, Minas Gerais; residente em Goiânia. Cristã, leitora, escritora, consultora educacional de editoras, mestranda em TICs na educação, especialista, pedagoga, ama educação, ama pessoas, palestrante.

✉ eloasfonseca@gmail.com

Felícia Bighetti Sarrassini

Nascida em Sertãozinho, São Paulo; residente em Fortaleza, Ceará. Nutricionista, aromaterapeuta e coach para mulheres.

📷 @felicia.sarrassini | ✉ feliciabighetti@hotmail.com

Flávia Diniz Diógenes

Nascida em Jaguaribe e residente em Fortaleza, Ceará. Cristã, leitora. Cursou design de interiores (FGF), arquitetura e urbanismo (UNIFOR) e é especialista em light design (IPOG); apaixonada pelas memórias das pessoas.

📷 @flaviadiogenesarquiteta | ✉ flavia@flaviadiogenes.com.br

Gabriele Braga da Rosa Moreira

Natural do Rio de Janeiro. Mãe, escritora, formada em administração (UPL), especialista em finanças e mercado de capitais (UFF/RJ), atuante no mercado financeiro em investimentos.

📷 @braga_gabriele

Giuslaine de Sousa Feitosa

Nascida e criada em Fortaleza, Ceará. Cristã, fisioterapeuta, especialista em diástase/hipopressivo, amante da leitura de qualidade.

📷 @giufeitosafisio | ✉ giuslaine.feitosa01@gmail.com

Isa Aguiar Martins Schmitt

Nascida e residente em Fortaleza, Ceará. Mestre, médica pediatra com pós-graduação em nutrologia infantil e seletividade alimentar. Desafiando-se no mundo da leitura e da escrita.

✉ pedisaschmittisamartinsschmitt01@gmail.com

Izabel Serejo Lima

Natural de Maranguape, residente em Maracanaú, Ceará. Formada em jornalismo e pedagogia. Servidora pública e professora.

◉ @izabelserejo | ✉ izabelserejo@gmail.com

Jalline Gea Caldas Martins

Nascida em Goiânia, residente em Fortaleza. Consultora de imagem pessoal e corporativa, com formações nacionais e internacionais sobre moda, estilo e perfis de comportamento.

◉ @jallinegeaconsultoriadestilo | ✉ contato@jallinegea.com.br

Joselany Áfio Caetano

Residente em Fortaleza. Mãe, leitora e membro da Comunidade de Mulheres Intelectualmente Ativas do Clube de Livro, enfermeira, docente do departamento de enfermagem da UFC.

✉ joselanyafio@gmail.com

Josemara de Maria Saraiva Ponte de Abreu Costa

Nascida em Tianguá e residente em Fortaleza, Ceará. Advogada, palestrante, professora e coach internacional do Método da Louise Hay. Ativista quântica, consteladora familiar e mentora de mulheres.

◉ @josemaraponte | ✉ josemara_saraiva@yahoo.com.br

Liana Bezerra Góis

Nascida e residente em Fortaleza, Ceará. Cristã, fisioterapeuta (UNIFOR), propagandista, desafiando-se em palestrar, vivendo por propósito e compartilhando uma rotina de cuidados com corpo, mente e espírito.

@lianabgois | lianagoisfisio@gmail.com

Maria Geucilene Freitas Barros (Leninha)

Nascida e residente em Fortaleza, Ceará. Mãe, leitora, gosta de fazer novas amizades e aprender, compartilhar novos conhecimentos, aprendizados, cursando psicologia.

@leninhameury_ | leninhameury23@gmail.com

Maria Rosiné Magalhães dos Santos Castro

Nascida em Missí, residente em Fortaleza. Escritora e leitora. Bacharela em direito (UNIFOR), advogada trabalhista (acidente de trabalho). Especialista em direito processual civil e direito do trabalho. Mediadora do TJCE. Uma eterna estudante.

rosine.adv.ceara@gmail.com

Nelyse Rosa Moraes Maia

Nascida e residente São Luís, Maranhão. Cristã, leitora, artesã, técnica em eletrotécnica, bacharela em engenharia de controle e automação, atuante na elétrica industrial. Gosta de viajar e conhecer pessoas.

@nelyse_maia, @lysfeltros | lysrosa25@gmail.com

Patrícia Freire de Vasconcelos

Nascida em Fortaleza e residente em Eusébio, Ceará. Docente do curso de enfermagem da UNILAB/CE, mestre em neurofarmacologia, doutora em cuidados clínicos.

✉ patriciafreire@unilab.Edu.br

Renata Rodrigues Nascimento

Nascida em Granja, residente em Fortaleza, Ceará. Casada, psicóloga em formação, psicopedagoga, escritora, leitora e integrante do Clube de Livro. Ama a natureza e jogar beach tennis.

◯ @renatarodrigues.psi | ✉ renatarodriguespsi85@gmail.com

Roberta Oliveira Castelo Branco

Nascida e residente em Fortaleza, Ceará. Advogada, coordenadora jurídica, podcaster e palestrante. Formada em direito e especialista em direito penal econômico e compliance empresarial (UNIFOR).

◯ @roberta_castelobranco | ✉ castelobrancorobertaa@gmail.com

Rosângela Medeiros Áfio

Nascida e residente em Fortaleza, Ceará. Cursando ciências contábeis, atua na área administrativa. Empresária, leitora, dançarina. Tem, como objetivo, projeto para adolescentes.

◯ @rosangela_medeiros1 | ✉ rosangelaarth@hotmail.com

Sarah Gonçalves Rodrigues

Nascida e residente em Fortaleza, Ceará. Escritora, atualmente professora de língua inglesa na educação básica; licenciada e mestre em geografia (UECE) com 680 horas de curso de Inglês e TOEFL.

◯ @sarahgrb82

Soraya de Oliveira Guimarães Carvalho

Nascida e residente em Fortaleza, Ceará. Esposa, mãe, professora de inglês, bacharela em administração (UECE), especialista em marketing (DeVry). Ama ler, escrever e estudar.

@sosoguimaraes | soraya.o.guimaraes@gmail.com

Tatiana Martins Pereira

Nascida e residente em Fortaleza, Ceará. Cristã, leitora, bancária, bacharela em administração (UNI7- Centro Universitário 7 de Setembro).

@tati.martins2023

tatianahtm1@gmail.com / tatianahtm1@hotmail.com

Thuany Karla Dantas Theotônio

Nasceu em Alagoa Grande e mora em João Pessoa, Paraíba. Graduada em pedagogia (UFPB), especialista em supervisão escolar (UNIFIP), cursando psicopedagogia. Atualmente é coordenadora pedagógica.

@thuanykarla | thuanykarla@hotmail.com

RELAÇÃO DE OBRAS JÁ LIDAS PELO CLUBE DE LIVRO

─── 2019 ───

1. *Quem Pensa Enriquece.* Napoleon Hill. Editora Fundamento Educacional Ltda, 2009.
2. *O Milagre da Manhã: o segredo para transformar sua vida (antes das 8 horas).* Hal Elrod e Marcelo Schild. 36.ed. Editora BestSeller, 2019.

─── 2020 ───

3. *Essencialismo.* Greg McKeown. Editora Sextante, 2015.
4. *Você pode realizar os seus próprios milagres.* Napoleon Hill. Citadel, 2017.
5. *Como fazer amigos e influenciar pessoas.* Dale Carnegie. 52.ed. Companhia Editora Nacional, 2012.
6. *Os 7 hábitos das pessoas altamente eficazes.* Stephen R. Covey. 60.ed. BestSeller, 2017.
7. *O poder do subconsciente.* Joseph Murphy. 111.ed. BestSeller, 2019.
8. *Antifrágil.* Nassim Nicholas Taleb. Objetiva, 2020.
9. *Mais Esperto que o Diabo.* Napoleon Hill. Citadel, 2014.
10. *O Poder do hábito.* Charles Duhigg. Objetiva, 2012.
11. *Mindset: a nova psicologia do sucesso.* Carol S. Dweck. Objetiva, 2017.
12. *Originais.* Adam Grant. Editora Sextante, 2017.
13. *Rápido e devagar.* Daniel Kahneman. Objetiva, 2012.

2021

14. *Felicidade: modos de usar.* Mario Sergio Cortella, Leandro Karnal e Luiz Felipe Pondé. Planeta, 2019.
15. *12 Regras para a vida.* Jordan B. Peterson e Alberto Gassul. Alta Books, 2018.
16. *A ciranda das mulheres sábias: ser jovem enquanto velha, velha enquanto jovem.* Clarissa Pinkola Estés. Rocco, 2007.
17. *Mulheres que correm com os lobos: mitos e histórias do arquétipo da Mulher Selvagem.* Clarissa Pinkola Estés. Rocco, 2018.
18. *O cavaleiro preso na armadura.* Robert Fisher. 47.ed. Record, 2020.
19. *Picos e Vales.* Spencer Johnson. 10.ed. BestSeller, 2009.
20. *Comece pelo porquê.* Simon Sinek. Editora Sextante, 2018.
21. *A Tríade do Tempo.* Christian Barbosa. Buzz Editora, 2018.
22. *A coragem de ser imperfeito: como aceitar a própria vulnerabilidade, vencer a vergonha e ousar ser quem você é.* Brené Brown. Editora Sextante, 2016.
23. *Talvez você deva conversar com alguém: uma terapeuta, o terapeuta dela e a vida de todos nós.* Lori Gottlieb. Vestígio, 2020.
24. *A Arte da Guerra: os treze capítulos completos.* Sun Tzu. Jardim dos Livros; Edição de luxo, 2008.
25. *Sem esforço: torne mais fácil o que é mais importante.* Greg McKeown. Editora Sextante, 2021.

2022

26. *Do Mil ao Milhão. Sem Cortar o Cafezinho.* Thiago Nigro. HarperCollins, 2018.
27. *As sete leis espirituais do sucesso.* Deepak Chopra. 88.ed. BestSeller, 2019.
28. *Pense de Novo.* Adam Grant. Editora Sextante, 2021.
29. *Mulheres Que Se Escrevem: crônicas, ensaios, contos e histórias de mulheres intelectualmente ativas* - 18 coautoras, organizado pelo Clube de Livro. Expressão Gráfica e Editora, 2021.

30. *Inteligência emocional.* Daniel Goleman. Objetiva, 1996.
31. *O amor como estilo de vida: como colocar em prática as características do amor autêntico – gentileza, paciência, capacidade de perdoar, cortesia, ... e honestidade – em todas as suas relações.* Gary Chapman. 2.ed. Editora Sextante, 2022.
32. *Permissão para sentir: como compreender nossas emoções e usá-las com sabedoria para viver com equilíbrio e bem-estar.* Mark Brackett. Editora Sextante, 2021.
33. *Como ativar o cérebro a partir do hábito.* Alyne Christina Regis Moura. Viseu, 2022.
34. *A coragem de não agradar: como a filosofia pode ajudar você a se libertar da opinião dos outros, superar suas limitações e se tornar a pessoa que deseja.* Ichiro Kishumi e Fumitake Koga. Editora Sextante, 2018.
35. *O ego é seu inimigo: como dominar seu pior adversário.* Ryan Holiday. Intrínseca, 2017.
36. *Em Busca de Sentido: um psicólogo no campo de concentração.* Viktor E. Frankl, Carlos Cardoso Aveline e Walter O. Schlupp. Editora Vozes, 1991.

--- **2023** ---

37. *O livro que você gostaria que seus pais tivessem lido.* Philippa Perry. Fontanar, 2020.
38. *Além da Ordem: mais 12 Regras Para a Vida.* Jordan B. Peterson. Alta Books, 2021.
39. *A única coisa: a verdade surpreendentemente simples por trás de resultados extraordinários.* Gary Keller e Jay Papasan. Editora Sextante, 2021.
40. *Tudo é Rio.* Carla Madeira. 10.ed. Record, 2021.
41. *Propósito de Vida: um guia prático para desenvolver o seu.* Carol Shinoda. Benvirá, 2021.
42. *Reflexões de uma viajante.* Edmara Monteiro. Viseu, 2023.

FONTE Minion Pro, Raleway & Kepler Std
PAPEL Polen Natural 80g
IMPRESSÃO Paym